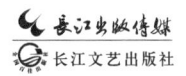

叛逆期怎么管，孩子才会听

吴小霞 / 著

长江出版传媒
长江文艺出版社

图书在版编目（CIP）数据

叛逆期怎么管，孩子才会听 / 吴小霞著. -- 武汉：长江文艺出版社，2023.7
（大教育书系）
ISBN 978-7-5702-3052-5

Ⅰ.①叛… Ⅱ.①吴… Ⅲ.①儿童教育－家庭教育 Ⅳ.①G782

中国国家版本馆CIP数据核字(2023)第071884号

叛逆期怎么管，孩子才会听
PANNIQI ZENME GUAN，HAIZI CAIHUI TING

责任编辑：马 蓓	责任校对：毛季慧
封面设计：璞茜设计	责任印制：邱 莉　王光兴

出版：长江出版传媒　长江文艺出版社
地址：武汉市雄楚大街268号　　　邮编：430070
发行：长江文艺出版社
http://www.cjlap.com
印刷：武汉市首壹印务有限公司

开本：720毫米×970毫米　1/16　　印张：13.875
版次：2023年7月第1版　　2023年7月第1次印刷
字数：203千字

定价：45.00元

版权所有，盗版必究（举报电话：027—87679308　87679310）
（图书出现印装问题，本社负责调换）

读懂叛逆期,才能解码孩子的成长期

吴小霞

我,是一个母亲,也是一名老师。作为母亲,我和大家一样,也曾为孩子和父母顶嘴备受折磨,也曾为孩子的偏科、厌学而辗转反侧……作为老师,我也经常看到让家长束手无策的各种各样棘手的家庭教育难题,"我的孩子就是和我对着干!""哎呀,孩子在家里不说话,从不和我们交流。""孩子最近脾气大得很,我们稍微说他,他就冒火冲天的。""老师,我们家孩子不愿意上学啊!""老师,孩子天天抱着手机,怎么办?""我家孩子早恋了,我却无可奈何……"

亲爱的家长,您是否遇到过类似的烦恼,是否也为孩子的叛逆寝食难安,无能为力!别急,这本书能给你答案。因为,里面有您遇到过的、相似的情景……

别错过——叛逆期这个关键期

也许,有的家长一提到叛逆期,第一反应就是青春期。实际上,在孩子的成长过程中,有三个叛逆期:3-4岁,幼儿叛逆期;;7-8岁,儿童叛逆期;12-18岁,青春叛逆期。

叛逆是自我意识觉醒的表现,是打破"原我",获得"新我"的过程,是孩子关键的成长期。没有经历过叛逆期的孩子,不可能真正长大,就像毛毛虫,不经过破茧而出的痛苦，无法蜕变成美丽的蝴蝶。任何人都阻挡不了孩子成长的脚步，既然如此，与其烦恼痛苦，不如坦然面对。生命的成长是单行道，没有机会重新来过。所以，作为父母，要重视孩子叛逆的这个关键期。同时，叛逆也是一把双刃剑，父母处理得当，孩子终身受益；父母处理不当，伤害不可逆转。

因此，在孩子的几个叛逆期，我们要懂得叛逆期孩子的特点，读懂孩子叛逆背后的心理需求，智慧巧妙地处理问题，才能真正地解码孩子的叛逆期，陪孩子顺利跨过成长的坎。

别做错——叛逆期里父母的误区

"可怜天下父母心"。天底下的父母哪有不爱自己孩子的？可是，我们往往打着爱的旗号，做着伤害孩子的事情！

比如，过度唠叨。我们以为，说得越多，孩子会越懂事。可是，唠叨通常潜藏着指责、埋怨、批评，在孩子眼里，代表着对自己的轻视和否定。超限效应告诉我们，过度唠叨不仅达不到预期的教育效果，还会让孩子产生逆反，甚至失去自信，对自我产生怀疑，最后对父母产生抵触情绪。

其次，过度纵容。当孩子出现叛逆行为时，有的家长觉得是因为自己的陪伴不够，或者因为工作忙、家庭变故等疏于管理孩子，才导致孩子叛逆的。于是，父母带着补偿的心理和孩子相处。用过度呵护来弥补欠缺的陪伴，甚至在教育孩子时超出原则，把宽容变成纵容。久而久之，孩子不但不知体恤，反而得寸进尺。最后，一旦父母无法满足孩子需求时，孩子就开始责怪父母。此时父母也很迷茫："我为你付出那么多，你怎么还专门和父母作对？"

再次，过度控制。有的父母对孩子的生活、学习、交友等方面进行过度干涉、过度控制，孩子的意愿和需求被压制，再加上父母处理问题过于简单粗暴，就更容易激发孩子的逆反意识。最后导致孩子任性、赌气、离家出走、打架闹事、逃学、离经叛道，做出一些极其不理性，让父母痛心的事。

其实，他们并非真正想伤害父母，而是想用极端激烈的行为，表达自己渴望被尊重，渴望自由、渴望自主的需要。

做正确——帮助孩子度过叛逆期

既然叛逆是一个人成长的必经阶段，那么，作为父母，我们为什么不把孩子的叛逆期变成孩子的黄金发展期，变成成长助推器，变成赋能加油站！这就需要父母懂孩子、懂方法、懂变通！

父母如何辅导孩子的作业？给孩子阶梯化的"预谋"训练。首先，孩子给父母当老师，培养自信；其次，父母给孩子当老师，父母示范；最后，孩子给自己当老师，实现自主。

如何缓和水火不容的亲子关系，试一试"预设剧本对话术"；如何让孩子愿意和父母聊心事，用一下"层层剥洋葱术"；如何有效地给孩子提建议，来一次"三层叠加铺垫术"，这些小妙招帮助你解决叛逆期的亲子矛盾，从而叩开亲子沟通的心灵之门。

网瘾问题怎么办？青春期早恋怎么办？如何培养孩子抗挫能力？如何做陪伴型父母？面对"双减"，我们如何做有担当的父母？本书都能为你提供思路、给出策略，让你的棘手问题迎刃而解！

这本书里，有我陪伴儿子走过叛逆期的点滴，有我作为家长的理性思考，也有我从班主任角度，给家长朋友们的一些建议。愿这本书能够拨开您的迷雾，给您的家庭教育以启发。

愿您的孩子，因为有您，能穿过荆棘、跨越困难，顺利度过叛逆期，驶向幸福的彼岸！

目录

第一章 叛逆期矛盾冲突：叩开彼此愉悦的心灵之门 / 001

1. 辅导作业发生矛盾怎么办 / 003
2. 亲子关系水火不容怎么办 / 011
3. 孩子不听话怎么办 / 019
4. 孩子喜欢顶嘴怎么办 / 024

第二章 叛逆期学习引导：调动孩子的学习动力 / 031

5. 孩子因升学压力焦虑怎么办 / 033
6. 孩子假期无所事事怎么办 / 039
7. 家长如何正确地辅导孩子学习 / 044
8. 孩子认为学习是痛苦的怎么办 / 048
9. 孩子学习自觉性差怎么办 / 052
10. 孩子阅读习惯差怎么办 / 056
11. 孩子学习上懒惰怎么办 / 062
12. 孩子复习期间浮躁怎么办 / 065

第三章　叛逆期弱点修正：不让短板成为人生绊脚石 / 071

13. 孩子爱报喜不报忧怎么办 / 073
14. 孩子做事三分钟热度怎么办 / 077
15. 孩子犯错了怎么办 / 081
16. 孩子有网瘾怎么办 / 086

第四章　叛逆期挫折教育：帮孩子跨过敏感脆弱期 / 089

17. 孩子遭受挫折时怎么办 / 091
18. 孩子遭遇问题时怎么办 / 096
19. 孩子遭遇逆境时怎么办 / 100
20. 孩子遭遇否定时怎么办 / 104
21. 孩子心理脆弱时怎么办 / 109

第五章　叛逆期亲子关系：让关系走在教育的前面 / 113

22. 亲子之间有代沟怎么办 / 115
23. 孩子觉得父母不爱他怎么办 / 118
24. 父母不善于赞美孩子怎么办 / 122
25. 让父母和孩子相互促进 / 126
26. 如何与孩子相爱不"相杀" / 130
27. 孩子不开心怎么办 / 132

第六章　叛逆期人格塑造：让品质成为人生护身符 / 135

28. 如何给孩子树立精神榜样 / 137
29. 如何教会孩子精益求精做事 / 143
30. 如何教会孩子有空杯心理 / 148
31. 如何激发孩子的内驱力 / 152
32. 如何引导孩子更有人生智慧 / 156

第七章　叛逆期青春期教育：为孩子未来保驾护航 / 161

33. 如何进行青春期性教育 / 163
34. 如何引导孩子树立正确的爱情观 / 167
35. 如何教会孩子与人交往有分寸感 / 172
36. 当孩子的朋友出现问题怎么办 / 174
37. 如何培养青春期孩子的格局 / 177
38. 如何引导孩子为未来考虑 / 180

第八章　叛逆期家长成长：做孩子成长的启明星 / 185

39. 如何做孩子信任的父母 / 187
40. 如何做陪伴型父母 / 190
41. 如何说话，才不会伤孩子 / 196
42. 当家庭成员观念不同怎么办 / 203
43. 面对"双减"，如何做一个有担当的父母 / 208

第一章

叛逆期矛盾冲突：

叩开彼此愉悦的心灵之门

1. 辅导作业发生矛盾怎么办

"不写作业母慈子孝，一写作业鸡飞狗跳！"相信每一位陪着孩子做过作业的家长，都经历过这样的"人间历劫"。这些年，家庭教育被摆到了十分重要的位置。而其中，如何陪孩子做作业，是许多家长一直感到头疼的难题。

一、辅导作业中容易出现的问题

1. 作业做了没有——没有时间辅导作业

因为工作忙、应酬多；因为压力大、要赚钱……需要养家糊口的家长们，常常也觉得身不由己，根本没有时间陪孩子写作业。所以，见到孩子也只能问一句：作业做了没有？

不知道从什么时候开始，这句话成了父母的口头禅，还成了父母对孩子的关心语和问候语。这句话凝聚了父母的期望，也包含了父母的焦虑。就算孩子回答了，也不代表他已经做作业了。久而久之，孩子要么用敷衍的态度应付我们，要么叛逆地表达不满，要么熟视无睹。

2. 你怎么那么磨蹭——辅导作业变成了唠叨责备

陪着孩子写作业时，家长有时候难免唠叨责备。"字写好看点！""背需要挺直。""写快点嘛！""这么简单都不会！""你怎么那么笨！"见着孩子做作业磨蹭，就开始催促；发现孩子简单的题做错了，就血压飙升；看到孩子书写马虎，就情绪失控。最后陪作业陪得身心俱疲，爸爸咆哮，妈妈郁闷，一家人也跟着受罪。

但是，当我们不断地发脾气、批评责骂孩子的时候，孩子感受不到关爱、信任和肯定，而是被批评、否定和伤害。削弱的是孩子的自信心，加剧的是孩子的恐惧心。长此以往，孩子的学习兴趣减退，学习热情锐减，最后，学习也变得被动。

3. 我看不懂孩子的作业——没有能力辅导作业

有的家长会说，孩子低年级时，我能够辅导作业。可是，随着年级升高，学习科目增多，知识难度变大，自己越来越爱莫能助，心有余而力不足。有的父母认为自己文化水平不高，帮不了孩子，去辅导反而会影响孩子，看见孩子写作业，就赶紧远离孩子视线，生怕打扰了孩子，甚至因为孩子的一句"你看得懂吗"而羞愧万分。

自身文化程度低，并不能成为借口，家长们还可以监督、鼓励、陪伴，做孩子坚实的后盾。因为，重点不是辅导作业，而是陪伴。家长是孩子的第一任老师，是指家长的习惯、品格等可以影响和教导孩子，而不是知识。

做作业是孩子自己的事情，家长们可以暗示，但不能代替，更不能包办。家长的任务是让孩子养成好的学习习惯，引导孩子树立正确的学习态度，塑造孩子正直的人生品格。这才是陪伴孩子做作业的目标，而非单纯地讲题教题。

二、辅导作业中需要树立的观念

1. 辅导作业需要坚持

有人说陪伴孩子做作业是"渡劫"，但如果仅仅因为一两次"渡劫"失败，就放弃陪伴孩子学习，那么这场"渡劫"才是真正的"万劫不复"。

坚持陪伴学习，才能让孩子感受到陪伴的安全感，从而更愿意接受父母的陪伴；坚持陪伴学习，才能促进亲子关系，让父母能够真正了解孩子的思想动态，孩子也才能感受到父母的良苦用心，这样亲子之间的沟通才会更加畅通；坚持陪伴学习，孩子也会从中感受到坚持的力量，并懂得学会坚持，这对孩子未来的影响会更加深远。

2. 辅导作业是培养习惯

习惯的养成是一个长期的过程，是需要由外部支配到内部控制的过程，是由简单到复杂、由不稳定到稳定的过程，是好习惯与坏习惯不断斗争的过程。所以，这需要父母持续地监督和养成习惯。

因此家长们要培养孩子养成优先、按时写作业的习惯，珍惜时间、不磨蹭的习惯，懂得整理的习惯，专注的习惯，书写认真的习惯，自主思考的习惯，做事有效率的习惯……这些习惯在辅导作业的时候完全能够养成。

3. 辅导作业需要循序渐进

辅导作业也有一个由扶着到半扶，再到完全放手的过程。有家长说："我要培养孩子独立，未来需要孩子自己学会生存。"但是，培养是一个过程，需要有目标，需要时间，需要必要的教育和训练，包括父母的引导和指导，所以这个过程并不是一次训练就能完成的。

举个例子：孩子还未养成自觉做作业的习惯时，父母可以给孩子当老师，督促孩子完成作业；孩子已经有按时完成作业的习惯后，可以让孩子给父母当老师，鼓励孩子讲题，从而达到及时复习和练习各种学习技能的目的；当孩子已经懂得自我激励和自我监督的时候，就让孩子自己给自己当老师，通过作业来进行内化和反思，进而实现按照自己的节奏与方式自主学习。

4. 父母认真学习胜过一切

所有的辅导作业的方式都只是外围战，真正激发孩子为自己而努力地自主学习，还得是父母作为孩子最好的榜样，自身就得有着认真学习的态度和样子。

当家长们以一丝不苟的态度做事的时候，就是在告诉孩子"你也可以认真学习"；当家长们迎难而上解决问题的时候，就是在帮助孩子树立百折不挠的人生态度。当孩子被父母影响着，熏陶着，他也更容易沉下心来关注自己，并从心灵深处，生发出自驱的力量，勇敢地发现自我、挖掘自我、修正自我、提升自我。所以真正的陪伴，是家长用自己努力学习、认真做事作为榜样，与孩子一起实现双向奔赴，共同遇到更好的自己。

三、有效辅导作业的方法

1. 长线培养法

陪孩子写作业，不要只看到眼前的困难，而应该思考三十年后孩子会是什么样的，在陪伴完成作业的同时，注意培养孩子未来的能力。比如，认真完成作业就是在培养完成任务的积极主动性，懂得处理作业的压力就是在锻炼应对未来工作的承受能力，完成作业的过程是在培养系统思考的能力，坚持认真完成作业则是在训练克服困难的毅力。

如此，我们用长线培养法，就需要明白每个孩子的个性不同，成长环境不同，遇到的问题也不尽相同，因此，家长需要接纳自己的孩子，顺应自己孩子的天性，发现自己孩子的特点，用长远的眼光去看待孩子和培养孩子，而不要仅仅局限在要做完作业的短视上。

2. 耐心陪伴法

陪孩子作业，拼的不是父母的能力，而是父母的耐心。每个孩子都是父母的宝贝，教育需要耐心，孩子才会稳健，后劲才会充足。对孩子耐心，允许孩子写作业的过程中出错，并等待孩子发现错误，改正错误；对孩子耐心，是在教导孩子的时候耐心讲解，站在孩子的角度，把孩子当孩子，而不是觉得他一遍就能听懂，或者感觉自己在对牛弹琴就火冒三丈；对孩子耐心，是相信孩子慢慢会形成自己解决作业中问题的能力，并不断给孩子创造成功的机会，给予他自信。

3. 创造学习角

父母对孩子学习最大的帮助是什么？给予孩子一个安静的学习环境，创造一个学习角。陪作业，需要营造一个孩子更愿意写作业的地方。学习者在学习的过程中，集中精力，不受干扰，才能保证一定的学习效率。

所以，给孩子设立特制家庭作业区，保持环境安静，这样孩子对待作业就会更加重视，更容易进入专注的状态；同时要注意书桌整洁，以保持内心清净，这样效率和注意力更容易持续提升；此外，选择合适的桌椅，让孩子学习时能够更加舒适；最重要的是，避开分散孩子注意力的小猫小狗，尤其是电视和电子产品。

4. 延迟满足法

有的孩子回家后，喜欢先玩耍再做作业，甚至有的会拖到快要睡觉的时候，才慌慌张张地写作业，最后导致作业质量不高，第二天精神不济。长期如此，慢慢就养成了拖延的坏习惯，周末作业拖延，周一精神不振；假期作业拖延，开学前两天再狂赶作业。这样的恶性循环，会让孩子逐渐丧失自律精神、学习热情，影响到未来工作的习惯和效率。

所以，家长要注意培养孩子先学后玩的意识，回家后先写作业，写完再玩耍，不能先玩手机或者电脑，所有的玩耍都要放在作业完成后，这样才能帮助孩子习惯延迟满足，而不是即时满足。

5. 固定时间法

"固定时间"分为两个方面。一是每天在固定的时间里进行学习，设置家庭常规日程表，把学习的那段时间变成像吃饭睡觉一样，形成条件反射，最后变得就像呼吸一样自然，尤其是假期，每天设置固定时间来完成作业，就能避免开学前赶作业的情况发生。

其二，固定作业完成的时间期限。让孩子自己设置一个完成作业的时间，并且长期坚持，慢慢地孩子就会根据作业多少，自我评估时间，自我进行规划，并且注重效率的提升。

6. 塑造仪式法

在做作业前，可以变得有仪式感，让孩子感受到做作业是一件严肃且需要专注的事情。有时候，成年人眼中没有必要的动作，对孩子来说却是意义非凡，也是莫大的鼓舞。比如，做作业前，做好所有准备工作，上好洗手间，洗好手，削好笔，放上一个"请勿打扰"的挂牌，整理好书桌，把每天完成作业就当成一次特殊的旅行，一次创造的过程。这是一种学习态度，更是一种生活态度。

7. 一次一事法

在做作业的时候，有的孩子一边看电视，一边做作业；有的孩子一边听音乐，一边做作业；或者一会儿又去上厕所，一会儿又去吃东西，时间在不知不觉中就浪费掉了。

所以，家长要让孩子形成一种意识：一次只能做一件事情。人的精力毕竟有限，不能一心二用，要做好一件事情，就需要全身心投入，不能心猿意马。做作业就做作业，不要东一榔头，西一棒槌。这样才有助于培养孩子的专注力，提高做事的效率和成功率。

8. 花式表扬法

陪孩子做作业，是让孩子愿意做作业，而不是让孩子讨厌做作业。所以，我们要不断发现孩子的优势，并不断地强化。在孩子做好作业时，及时地给予孩子正面的反馈，用各种描述性表扬鼓励自己的孩子。比如："哇，你说了9点完成，真的就9点完成了呢！""你在阅读啊，不用提醒，我宝贝都能做到了！""今天安排得很恰当啊！"当我们不断地发现孩子点滴努力和进步的时候，孩子就会变得越来越合作、自信，最后逐步变得自立。

9. 记录评估法

提升孩子做作业的效率和质量，还需要家长坚持进行评估。在做作业前，让孩子记录好学校作业，列好作业清单，避免漏掉作业；然后，把作业进行整体安排，规划必要的时间完成必要的作业，并在做好后评估作业完成情况。评估人慢慢由家长引导到最后孩子自主填写。具体表格如下：

每日作业清单				
作业担当者：		日期：		
1	科目	计划时间	完成情况	改进方法	备注
2					
3					
4					

10. 平行陪伴法

在陪伴孩子做作业的时候，家长不要用"居高临下"的方式，也不要用"不断挑刺"的方法，更不要用"全部包揽"的做法，或者打着陪伴孩子的旗号，自己在旁边玩手机。这些都不是和孩子平行的方式，家长没有和孩子站在平等的地位。

正确的做法应该是：孩子做作业，我们坐在旁边阅读，或者专注地做自己的工作，当孩子需要我们的时候，我们就耐心引导，不需要的时候，我们就安静地陪伴。家长要用自己专注的态度引领孩子，感染和熏陶孩子。

11. 引导自立法

当孩子做作业遇到困难的时候，千万不要急于告诉孩子解决方法，而是要引导孩子先自己思考，自己解决。比如可以问问："这个问题，你是怎么想的？""你先试着自己解决。"千万不要直接给孩子答案，或者直接讲解，避免孩子产生惰性思维和依赖想法。当孩子自己提出解决方法后，我们再因势利导。而且，这种方式有时候需要家长多示弱，让孩子给家长讲解清楚，这样才能让孩子逐步走向自立。

12. 逐层疏通法

当我们要求孩子做作业，孩子却被电子设备所吸引，久久无法行动的时候，我们不要用反复唠叨、哄骗讨好、大喊大叫的方式处理，而要用几个步骤进行逐层疏通：第一步，停下我们的事情，站在孩子面前，表明父母是认真的；第二步，等待孩子停下手中的事情，要求他抬头看着我们，此时，千万不要冒火，耐心等待；第三步，冷静、平和、坚定地告诉孩子，需要做什么；第四步，需要孩子告诉我们，他应该做什么，此时孩子也许会抗拒，那么需要我们不断坚持，继续等待他平静下来；第五步，坚定地等待，等待是非常强大的力量，这一步需要时间，但不会比用在唠叨、讲道理、生气上的时间多，等待过程会促进孩子的自我反省；第六步，如果孩子抗拒，那么我们可以用理解感受的方式软化孩子的抗拒；第七步，孩子执行后，务必定好下一次的规则，并且父母需要坚决执行。用这样的方式，能避免发生亲子冲突。

13. 台阶递增法

从家长陪伴孩子写作业到孩子自主学习，是搭建台阶、逐步放手的过程。由"父母要求我这样做"，到"我懂得怎么做"，再到"我要求自己这样做"是一个逐步完成的过程，也是一个逐步递增的过程。

比如一二年级，主要由父母主导学习；三四年级，慢慢放手，孩子自己掌控一部分学习；五六年级锻炼孩子自主学习；七八年级锻炼孩子选择判断，自主决定学习；高中，自主选择学习进度；大学，自己选择学习内容。所以，父母陪伴孩子写作业是需要从小逐步搭建台阶，帮助孩子一步步走向自立，这也是陪伴学习的最终意义所在。

写作业的目的最终是让孩子完成学业，帮助孩子在学习中得到知识上、技能上、思维上等各方面的成长。所以，平日里家长可以多和老师联系，了解孩子的学习情况，多和孩子进行沟通，与老师、孩子形成合力，共同促进孩子学习成绩的提升。愿做作业的过程成为父母和孩子相处的温馨时光，让完成作业拥有亲子共同陪伴、互相赋能的双向动力。

2. 亲子关系水火不容怎么办

家长和孩子的沟通质量，决定着孩子的成长质量。但是，孩子越长大，父母与孩子沟通越困难，有时甚至水火不相容。其实，沟通需要正确的策略和方法，才能形成高效沟通。

一、如何避免孩子与父母对抗——"非黑即白放下术"

当孩子因为某件事与父母对抗时，如果我们强行采用"非黑即白"的沟通方式，只会让孩子反抗。以打游戏不愿意做作业为例，如果我们说："你今天必须把游戏放下，去做作业，不然不准去学校读书了，天天打游戏吧！"孩子听到"非黑即白"，立刻说："不去读就不读了，反正我都不想读了。"

此时，要放下执着，放下"非黑即白"的表达：

第一步，描述事实。客观公正地陈述看到的情况："你今天玩游戏，从早上 8 点一直打到 13 点，都打了 5 个小时了。"

第二步，表达关心。此时可以表达你的担忧。让孩子感受到你的爱："我担心会对你身体不好，影响你的身体和脊椎。"

第三步，提供选择。把要求变成几种选择，并让孩子自己来决定，这样会增强孩子的主动性和责任感。同时，注意提出的要求要有可行性。比如，当孩子玩手机而不写作业，那么我们作为父母可以提供选择。"你看你现在是先完成作业，还是先玩手机？我相信你是个懂事的孩子，知道怎么去选择的。"

第四步，表达参考。最后，我们可以对孩子说："当然，我觉得可能……这种方式去做，可能更有用，要不你去试一试？"这种方式更容易让孩子接受。千万不要说："你必须……做！否则……"这样只会引起孩子的对抗。

二、如何有效地给孩子提建议——三层叠加铺垫术

现在的孩子从小生活在赞美中，有时候听不进别人的批评，会产生一种自然的防御心理来保护自己，一旦孩子产生了防御的心理，那么任何意见都是无效的，有的孩子甚至会因为父母的批评变得敏感。那么如何能够巧妙地给孩子提建议呢？

第一步，喂颗"顺气丸"。我们在给孩子提建议的时候，先注意时间和场合，尤其是要观察孩子的状态。然后先对孩子给予关爱、认可、欣赏，或者在非常轻松幽默的氛围下，在孩子是愉悦平静的状态下，再进行下一步。

第二步，商量"变形记"。接着，用讨论的方式，用商量的语气，给孩子提出建议。比如："儿子，我有个想法和你商量下，看行不行？"有时候，决定孩子是否听取建议的关键，不是我们的观点是否正确，而是父母给孩子提建议时的语气和态度。同时，一步步地用讨论去启发孩子，引导孩子接受建议。

第三步，正面"贴标签"。在讨论完毕后，我们要给孩子积极的鼓励和正面的标签，比如："我相信儿子能改正，会变得越来越优秀！""我的孩子本来就是一个懂得不断完善自我的人！"

这样，三步走，既不伤亲子感情，也不会损伤孩子自尊心，关键是巧妙地提了建议，容易让孩子愉快地接受，并慢慢去行动。

三、如何避免事事指责孩子——分门别类过滤术

每个父母都对孩子有着期待和希望，所以，当孩子的表现不符合自己内心期待的时候，就容易生气、发怒、指责孩子，这样导致孩子觉得：在父母的眼里我什么都不行！从而让亲子关系紧张、疏远、对立。那么，怎么改变呢？

第一步，观察孩子。观察孩子，到底是哪些方面让自己生气、指责。

第二步，客观记录。把孩子关于这件事的所有行为全部记录下来，不带任何感情色彩，就记录孩子的行为。比如，早上不早起，千万不要记录成"懒惰"，而是单纯地客观记录事情。

第三步，理性分类。把孩子的所有让我们不开心的事情分成三类。第一类是不严重可忽略的行为。这类问题并不严重，并不影响孩子成长。比如孩子只喜欢穿黑色衣服。这并不影响孩子成长，父母可以忽略。第二类，严重不能接受的行为。这一般涉及底线问题，或者价值观，影响孩子未来的问题。比如孩子欺负人，孩子对人不尊重。这类问题要非常重视。第三类，值得发扬光大的行为。每个孩子都有优点，不管什么事情，都有正面的值得激励的一面。所以我们要找到正面的能量。

第四步，分层对待。当我们和孩子交流沟通的时候，要懂得区别对待。先肯定值得发扬光大的行为，进行大肆表扬；对不严重可忽略的行为，做到不苛责，这一类行为在孩子面前可以不提；再认真严肃地纠正严重不能接受的行为。这样和孩子沟通，孩子就容易接受，并且不会影响亲子关系。

四、如何缓和水火不容的亲子关系——预设剧本对话术

有的父母和孩子的亲子关系，达到水火不相容的地步，有的是完全拒绝交流，有的是一言不合就开打。此时，如何能够打开这个僵局，可以用上"剧本对话术"。

第一步，准备"剧本"。父母可以事先预设一下，这次谈话的主题、内容、目标，要对孩子怎么表达，怎么和孩子谈底线、谈要求等，以及在谈话中会发生什么情况，如何应对的方式都可以准备一番。这样可以避免在沟通时发生情绪失控的情况。

第二步，约定对话。这需要父母找一个合适的时间和合适的地点，包括布置对话的氛围等，如果孩子要求现在就谈，父母此时不要妥协，遵照约定的时间，这样双方都有心理准备，有缓冲和准备的空间。

第三步，陈述事实。和孩子以朋友聊天的方式，千万要注意用平等平和的态度，要肯定孩子，同时陈述孩子的具体问题，提出父母的希望，聊的内容可以按照父母"剧本"准备的内容进行，千万不要用攻击的方式，并且需要真诚地询问孩子的意见。

第四步，解决问题。接着，我们需要明确：父母的目的是解决问题，而不是指责孩子。所以，这个过程要接纳孩子的情绪，懂得倾听、共情、回应，和孩子一起商量解决问题的办法。

第五步，达成一致。此时和孩子一起商量方案，并达成一致，接下来需要跟踪落实。家长可以提出："我们既然商量好的，接下来回去就要按照约定的执行哟！"

这样，父母和孩子可以避免产生严重的冲突，也不会受双方情绪影响。

五、说不出口的话如何进行沟通——书写便条惊喜术

当我们和孩子语言上沟通不了，或者有的话不方便当面说时，我们都可以用书写便条的方式。当孩子收到这样的便条，就像收到一封书信一样高兴。

第一步，书写便条。首先我们可以选好纸张，可以是一般纸张，也可以是精心挑选的信笺纸，还可以是专用笔记本。把我们想沟通的内容书写出来，注意尽量是聊天的方式，这样双方没有压力。

第二步，置放便条。我们可以放在显眼的位置，比如孩子的房间，让孩子

自己发现，给孩子惊喜，也可以直接告诉孩子："今天妈妈给你写了便条放在桌子上了。"让孩子充满期待。

第三步，后续巩固。当孩子看了便条，我们可以观察孩子的表现，并思考下一步沟通的内容。也可以请孩子在便条上回复内容，形成便条的持续沟通。

第四步，长期坚持。书写便条这样的方式，我们可以长期坚持，形成一种习惯，让亲子之间更加亲密。

六、如何能够把夸奖孩子变成鼓励——亮点细节赋能术

生活中，我们要善于发现孩子的优点，不要吝啬对孩子的夸奖和赞扬，更要学会把赞赏变成鼓励。

第一步，善于发现细节。我们不能笼统地表扬孩子"你真聪明"！而是要发现孩子的细节方面的闪光点，并要表扬要具体。比如："我女儿写作业时可认真了。"

第二步，具体描述内容。接着，我们还可以具体地描述夸赞的内容。"我们女儿认真到什么程度呢？今天外面楼下说话声音那么大，都没有转过头去瞧一瞧。"

第三步，赋予特殊意义。当我们表扬孩子的时候，能够赋予一个意义，就能对孩子起到鼓励的作用。比如："能够不转头去瞧去看，那可是有很强的自控能力啊！"

第四步，引导新的行动。当我们给孩子赋予了一定的意义，还要给孩子后面的行动一定的引导，才不会"只会说，不落地"。比如："我相信我们家女儿能长期这样坚持下去，不仅在做作业上能做到，其他方面，也可以如此的哟！比如能控制自己玩手机，能够不睡懒觉，这样坚持下去，我们家孩子那可真是不一般啊！"

七、如何正确批评孩子才听得进去——五分钟高效能术

父母批评孩子，目的是让孩子改正错误，让孩子心服口服，而不是发泄情绪。如何批评才有效果，我们可以用上"五分钟效应"。

第一步，一分钟冷静。作为父母，我们面对孩子的错误，要先处理自己的情绪，让自己冷静下来，不然说一些发泄情绪的话，不但解决不了问题，还会火上浇油。自己冷静下来，才能真正帮助孩子找到错误的原因和改正的方法。

第二步，一分钟申述。孩子犯错后，我们不要急于让孩子承认错误，而是要给他申述的机会，给他说话的权利。让孩子把想说的都说出来，我们也更能够对孩子的错误缘由有更加全面客观的了解。比如，可以问问："发生了什么事情，说给爸爸妈妈听听，好吗？"并要注意给予孩子耐心的倾听，并注意回应孩子的感受。

第三步，一分钟指正。听明白孩子的申述后，接下来，对孩子的错误行为进行陈述，并且要实事求是指出错在哪里，不能只问孩子："错了没有？"而要清晰地让孩子明白错误的原因。

第四步，一分钟方法。批评的目的是要孩子改正，所以，在指出不对的基础上，还需要形成正确的策略和方法，否则不知道下一步有效的方向是什么。

第五步，一分钟安慰。批评孩子后，还要给孩子安慰和鼓励，避免孩子一直沉浸在负面情绪中。可以告诉孩子："知道错了，改正就好，我相信你是个聪明的孩子，会知道以后怎么做的。"

八、如何拒绝孩子才有震慑力——四大强效定力功

在和孩子交流的过程中，遇到孩子不合理的要求和不合理的行动，如果一次又一次地迁就孩子，孩子会变本加厉，最后不可收拾。因此，我们要懂得制止孩子，并善于拒绝孩子。

第一步，"狮吼功"。在遇到孩子提出不合理要求时，比如过度玩手机，我们要像"狮吼功"那样有震慑力，并且态度要坚决。把自己的想法、要求准确地传达给孩子，并且清醒地表达边界和底线。

第二步，"冷静龟"。此时，被拒绝的孩子一定会不高兴，我们要给孩子冷静的空间和时间。

第三步，"调虎计"。等孩子情绪稳定了，我们要慢慢和孩子一起找到可以代替的东西，可以和孩子一起商量出具体公约代替无理的行为。

第四步，"迅猛龙"。既然公约已经制定，那么下次，一旦遇到类似的事情，那么我们就要用"迅猛龙"的速度执行。这样，我们的拒绝才能真正地达到教育孩子的目的。

九、如何让孩子愿意和父母聊心事——"层层剥洋葱"术

孩子长大后，愿意和父母分享的心事越来越少，可是在面对同学时却滔滔不绝。父母本来是孩子身边最亲近的人，却变成了熟悉的陌生人，这难免让父母很失落。那么，我们想让孩子打开话匣子，可以尝试像"剥洋葱"一样，一层层剥开来。

第一步，声东击西。我们可以先让孩子放下戒备，先说其他事情，或者自己的事情，让孩子愿意聊。或者先从宽泛的话题入手。比如我们想了解孩子学校的状态，可以迂回地问："你们班最调皮的人是谁？"再慢慢打开话匣子。

第二步，感同身受。当孩子和我们聊天的时候，我们要站在孩子的角度，去感受他的心情，并表达出来父母的善解人意。比如孩子说："最近不知道为什么学习有点吃力。"父母可以体贴地表达："学得吃力，你是不是有些难过，也有些焦虑，不知道怎么办？"

第三步，循循善诱。在孩子慢慢表达自己的时候，我们要多一些共情式提问："你是怎么想的？""我能帮你做什么？"提一些孩子愿意倾诉的问题。

第四步，心悦诚服。和孩子聊天，我们一直要关注孩子的心情、孩子的兴

趣和孩子的感受，拉近和孩子的心理距离，再提一些有参考价值的建议。

十、如何化解和孩子的误解——坦诚感恩道歉术

当父母和孩子互相都在气头上时，你不让我，我不让你，互不理睬，亲子关系就陷入了冷战，会导致彼此怨恨。那就需要父母主动沟通，彼此和解。和解不是说一句"对不起"就能解决问题，而重要的是彼此能够互相理解，并在这次和解中彼此都能够得到成长。具体做法如下。

第一步，表达理解。用"我知道……"，比如："我知道你在学习上还是很希望取得成绩。"

第二步，表达感谢。用"谢谢你……""多亏你……"，比如："多亏你能够告诉妈妈你自己平日的付出，不然妈妈还一直误解你。"

第三步，表达肯定。用"你不容易"，比如："其实能够天天这样坚持努力，还是很不容易的。"

第四步，表达歉意。用"对不起"，比如："妈妈在这件事上没有了解情况，对不起。"

第五步，表达坦诚。表达"为什么"，比如："妈妈也是因为看到你成绩下降了很着急。"

第六步，表达期待。表达"我更希望你"，比如："所以，妈妈更希望你能够掌握学习方法，比如每天在英语上投入更多时间，天天回来背单词，这样就会把自己下降的部分补上来。"

掌握与孩子的沟通密码，才能开启孩子的心灵世界，才能和孩子形成情感交流，孩子也能健康积极地成长！

3. 孩子不听话怎么办

和孩子相处，总是听到父母说："天天和孩子发生冲突，我管着这个孩子好累，我不想管他了。"每次听到这样的话的时候，我内心都会掀起波澜，因为，往往这样说这样做的时候，孩子的表现会每况愈下，亲子关系也会越来越糟糕。为什么？

一、这样说，说明管理经历了一波三折

这样说的父母已经走过了管理孩子的几个阶段：

第一阶段：我就不信管不了你，今天我非要把你管下来。这个时候，我们往往觉得自己是父母，可以管控孩子，可是随着孩子的长大，思想和体力都得到发展，他们开始不受父母控制了。此时，进入管理孩子的第二阶段：这个孩子太不懂事了，太难管理了。此时父母发现自己所有方法都用尽了，却收效甚微，孩子仍然坚持自己的观点，有的甚至反其道而行之，导致父母力不从心。于是开始进入第三阶段：管这个孩子让我太累了，我不管了。此时，因为发现自己对孩子已经无能为力，产生了深深的挫败感，父母觉得自己黔驴技穷，对

他无可奈何，最后干脆放弃。

二、这样说，说明我们错过了孩子成长关键期

当我们说"我不想管了"的时候，其实我们错过了引导孩子成长的关键期，孩子一生有三个阶段的叛逆期，第一个阶段是宝宝叛逆期（2—3岁），第二个阶段是儿童叛逆期（7—9岁），第三个阶段是青春叛逆期（12—18岁）。第三个叛逆期，从孩子的生理特点和心理特点而言，本身就是最难的，而我们往往在前两个叛逆期没有引起重视，会加大第三个叛逆期的教育难度。因为孩子的自我意识会更强烈，更喜欢和父母对着干，喜欢标新立异，喜欢追求自我。孩子进入叛逆期，说明孩子在长大，这本就是孩子走向成熟的必经阶段。

可是，我们因为不懂孩子的叛逆期，去控制孩子、否定孩子，导致孩子在叛逆中并没有得到发展，而是永远停留在反对父母的阶段，甚至变本加厉。千万不要再错过关键期了，我们能做的，不是说泄气话，而是——在思想上：我是父母，陪伴孩子成长，是我义不容辞的责任，我永远不会放弃。在行动上：我要努力懂得孩子的成长规律，调整自己的教育方式，不断地学习并改变，做成长型父母！

三、这样说，说明父母不成熟

当我们和孩子说"我不想管你了"，这样的处理方式，本身就是不成熟的表现。那么，不成熟的父母有哪几种类型呢？

第一种是情绪型父母。这样的父母情绪不够稳定，遇到问题容易发脾气，容易意气用事。第二种是驱动型父母。这类父母对孩子强势，追求完美，一旦孩子没有达到他的期望，就会觉得自己的努力付之东流。第三种是消极型父母。这类父母遇到棘手的问题会选择逃避，他们爱孩子，却无法成为孩子的依靠和榜样。第四种是拒绝型父母。他们因为太忙或者其他原因，对孩子处于一种放

任自流的状态。

不成熟的父母带出来的孩子会缺乏安全感。这类孩子通常会有几种表现：第一种，向外攻击。他们会把内心痛苦表现出来，用逃学、打架、欺负人等叛逆的方式吸引大人注意力，表面看是行为问题，实际上是回避内心的痛苦，或者寻找肯定的方式。第二种，向内攻击。这类孩子内心往往敏感脆弱，压抑自己的负面情绪，攻击自己。第三种，渴望被爱。总是幻想，有一天会被爱，被人关心，得到别人的一点关怀就像抓到救命稻草，这样的孩子容易早恋、容易上当受骗。第四种，讨好型人格。表面懂事强大，内心脆弱受伤，努力让自己优秀，才会让别人满意，却不敢做真实的自己，这样的孩子活得很累。第五种，重复建构型。他们会重复父母的故事，潜意识会找一个和自己父亲和母亲相似的人，在教育子女和婚姻生活上重复着父母的模式。

所以，当我们这样说的时候，其实我们已经做了不成熟的父母，很多问题并非孩子的错，而是我们父母的问题，久而久之，会影响孩子的人格和人际交往模式，甚至婚姻和未来，这才是最为严重的问题。

那么，如何做，才能改变这样的状态呢？

四、做同理心父母，理解孩子

当孩子和我们发生冲突的时候，当孩子和我们的要求背道而驰的时候，说明我们和孩子之间有无法统一、没有达成一致的地方。那么这个时候，我们要做的不是赢了孩子，而是解决问题，办法就是：用同理心，理解孩子。

很多时候，因为角色不同，思考方式就不同。当我们和孩子发生冲突，站在父母角度思考是"我是你父母，我不会害你"，而站在孩子角度，他会这样想，"我都这么大了，可以自己做主"。当孩子不听父母言说，父母可能会想"我过的桥比你走的路多"，站在孩子角度，他会认为"观念过时了，可不可以改变一下"。当孩子与我们背道而驰的时候，作为父母，会伤心地认为"孩子怎么那么不懂事"，而站在孩子角度，他会想"你们不理解我"。

同理心的前提是真情实感。真正的同理心不是说了什么，做了什么，而是站在孩子的角度，真正地理解他的感受，理解他情绪背后的心理。这需要父母真实地接纳孩子的情绪，耐心地去观察孩子发生了哪些事，认真地去倾听孩子需要什么，这样才能真正实现情感上同理。把自己当作孩子一样来感受，如果是我，我会怎么处理；理智地思考为什么孩子这样做，才能把问题深入思考清楚；当然，还需要共情表达，表达父母的理解，让孩子感受到被人理解的温暖。接着，陈述事实。要不带情绪地陈述客观事实，而非父母的情绪宣泄。最后，殷切期待。因为有了前面的共情同理，孩子已经感受到理解和尊重，也便拥有了安全感，此时表达期待，才能实现有效沟通、双向互动，最后达到双赢的结果。

五、做高能量父母，感染孩子

美国家庭治疗师萨提亚曾说过："一个人的性格特点、人生三观、精神品格、思维方式、生活习惯，都深受家庭、父母的影响，很多甚至是决定性的影响。"所以，父母身上的能量会影响着孩子的能量。

能量有高低层次之分。举个例子，当你的孩子考试不理想，能量低的会说："考这么点成绩，以后怎么办哟？"能量更低的会说："算了，反正这个样子升不了学，我以后不管他了。"能量高一点的会认为："一次考差没有关系，失败是成功之母。"能量更高的父母会说："这次考试考差了，正好给我和孩子提了个醒，失败肯定有原因，是因为我重视不够，从明天起，天天陪伴、帮助孩子。"父母的能量会感染到孩子，会直接传递给孩子。同时，孩子有他自己的能量，父母的能量等于或小于孩子的能量，都无法影响到孩子，只有我们的能量高于孩子，才能真正影响和感染孩子。因此，我们要做高能量的父母。

内心积极、乐观、向上的父母，就会给孩子传递信任和安全、放松、温暖的能量；情绪低落、悲观、喜欢责备的父母，就会给孩子传递不安、紧张、悲观的能量。当我们的高能量足以抵御孩子吸收的负能量，那么孩子也会释放正能量，这一吸一放之间，才能真正地为孩子的成长赋能，孩子的精神世界才能丰盈，生命能量就会提升。

六、做成长型父母，引领孩子

时代在改变，孩子在长大，我们唯有不断地学习，拥有成长型思维，做孩子一辈子的榜样，才能跟得上孩子成长的步伐。

要改变孩子，先要学会改变我们自己。改变我们的教育理念，改变我们的思想观念，改变我们的教育方法，当我们变说教为身教，变控制为尊重，变否定指责为肯定鼓励，变不停唠叨为有效陪伴，父母一变，一切皆变。

要父母改变，就要不断学习。学习孩子每个阶段身心发展的特点，学习和孩子有效的沟通方式，学习孩子关心的话题。没有谁生来会做父母，在孩子成长的同时，我们也跟着孩子的成长不断地学习；没有天生成功的父母，只有不断学习的家长，才不惧孩子成长过程中的兵荒马乱。

当父母不断成长，才能与孩子双向奔赴。孩子出现问题，也是孩子与家长彼此成长的机会。因为教育孩子的过程，也是我们家长自我教育、自我成长的过程。做成长型父母，才能时刻拥有不惧问题，不断上进的心，才能与孩子并肩走在成长的路上，这样，才能养育出未来幸福的孩子！

所以，当我们遇到问题的时候，不要悲观，不要泄气，做成熟型父母，真正为孩子成长"赋能"，而不是给孩子"负能"；为孩子成长锦上添花，而不是"火上浇油"；成为孩子成长的贵人，而不是敌人！父母的修炼，永远在路上。

4. 孩子喜欢顶嘴怎么办

孩子越大，他的自我独立意识越强。叛逆期的孩子，开始和父母顶嘴了。

我们明显感觉孩子的思维发展随着年龄增长越来越开阔。可是，孩子也学会了和父母顶嘴，而且顶嘴顶得振振有词。比如，剪完头发，我一看那发型，说："怎么不剪个平头？"儿子马上反驳："你怎么不剪个平头呢？"比如叫他收拾房间，他马上反驳："你怎么不去收拾呢？"叫他做作业，他马上反驳："我等会做，就在那儿唠叨。"

也许，家里有个青春期的孩子，都会遇到这样的情景。感觉孩子老是和父母作对，此时怎么办？

一、控制自己的情绪——避开矛盾

当孩子和父母顶嘴的时候，我们先要学会控制自己的情绪。

这不，儿子又开始顶嘴，他爸爸怒不可遏："你这小兔崽子，翅膀长硬了，其他没有学会，就学会顶嘴了啊！"老公一边骂着，一边站起来，手已经高高扬起。儿子一脸的不屑，仰着头，斜着眼说："哼，就知道用父母的权威来压我！"我急忙拉过老公，示意他别生气，控制自己的情绪，一边平稳而坚定地说："儿子，不管怎么样，你和爸爸这样顶嘴是不应该的。"

"他要是像妈妈这样平静地说话，我就服气！"儿子还振振有词。

"儿子，你好像有时候也是这样的态度对妈妈啊！"我始终保持着平静，但是态度和立场一直那么坚定！

在孩子顶嘴的时候，孩子冲动，父母一定不要冲动。父母的语气是温和的，态度却是坚定的，才能让孩子慢慢平静下来。这样，能有效地避开矛盾。

二、引导孩子写出来——发泄不满

我们的态度都平和下来了，可是孩子的心气还是不平，怎么办？引导孩子写出来。

于是，我提出："你这样说，一定有自己的理由，你把你的想法写出来。"在孩子和父母观点不一致的时候，最好的办法不是讲道理，也不是冷处理，而是让孩子把自己的不满发泄出来，从而平复他的心气。而且，俗话说"嬉笑怒骂皆文章"，此时也是锻炼孩子写作非常关键的好时机啊！

果然，一听说写，孩子马上翻开自己的日记本，大笔一挥，洋洋洒洒写了几段文字。平日出口词穷，这个时候，却能文不加点、文思敏捷。

孩子写了什么呢？

> 很多时候，我总是听"不要顶嘴""你真的是左说左顶，右说右顶"，令我很是头疼。"顶嘴"到底是什么？我到底该怎么去做？
>
> 在古时候，总会有一些大臣顶"状"君王，而皇帝总是大骂道"放肆"，甚至那些大臣有可能被斩首的，我们对他们有一个统一的称呼——庸君。可能有些人会说：大臣是有错的，他不该对自己的君王这般态度。那我反问一下，谁会没事去找死呢？如果君王说得很有道理，大臣们会顶"状"他吗？而那些平易近人、听得进劝谏的君王，往往让国力强盛、经济繁荣。

这里就要注意了，我为什么用的是劝谏，而不是顶"状"，这些全取决于君王本身的态度和言语。

话说回来，顶嘴到底是什么呢？对于我的理解就是提出自己的想法和观点，而我的态度则取决于父母的态度。

看着孩子写的想法，我突然有种畅快的感觉。孩子能够把自己的想法写出来，说明他还有宣泄的出口，就怕没有出口，那就麻烦了。写出来，我们家长才知道怎么去引导他。

三、找到孩子的弱点——避其锋芒

从这段文字中，我们可以看出，孩子明显带着情绪和不满，觉得自己是正确的。我们也不要急于否定孩子，而是找他的文章弱点。"儿子，你能表达自己的想法，把自己真实情绪表达出来，很不错。可是，你看你连基本的'顶撞'的'撞'字都写错了，写成了顶'状'，作为一个中学生不应该啊！"此时，儿子显得有点不好意思。

这仅仅是小敲打，给孩子一个小的警醒。还需要给他更大的震慑，才能真正让儿子服气。

"我们来看看这篇文章，首先，你的开头，说什么是'顶嘴'，你没有给出解释。其次，你写了一篇议论文，但是议论文的结构是不是不完整，是什么？为什么，怎么办？这是基本思路。再次，你的论据是否真正能够让别人觉得科学。所以，要让别人对你服气，你还得增加自己的才气。"

对叛逆期的孩子，我们不能凭借父母的权威，而是真正地让他心服口服。于是，这一稿，孩子明显变得更加理性：

很多时候，我总是听"不要顶嘴""你真的是左说左顶，右说右顶"，令我很是头疼。"顶嘴"到底是什么？我到底该怎么去做？

一位作家曾说过："我可以不同意你的话，但我誓死捍卫你说话的权利。""顶嘴"是弱者在捍卫自己说话的权利，而强者，不仅没有帮助弱者捍卫他说话的权利，反而把自己当作绝对的真理，不容反驳，不容侵犯。

对于我来说，孩子和父母顶嘴，是提出自己的想法和观点。有的父母依着自己强者的身份打压孩子，而这些毫无道理的压制，必然使孩子不服气。

那父母批评我们的时候，最好的办法是什么呢？沟通。因为，站在对方的角度思考问题，才是最好的品德。比如，伤人的话不该说，这些话会在人的心中留下永恒的伤口，会成为人与人之间不可缝合的沟壑；自大的话不该说，无论时代怎样开放和张扬，人的心中都存在基本的廉耻的底线，越过这条底线，就会招人厌恶；还有，自我意识太强的话不该说；伤害父母的话不该说……

今天，我反思了自己，不该说伤害父母的话，对不起，爸爸妈妈！我没有考虑你们的想法，没有站在你们的角度思考问题，却在那儿自以为是地反驳，我现在向你们道歉。

看到孩子这一稿的时候，我明显感觉孩子的自我反思比上一稿更深刻了。当孩子顶嘴的时候，我们最好的办法是：让他写出来，在写作中，既能让他平复心情，也能让他自我反思、自我反省，从而实现自我教育。

四、父母学会复盘——明白自己的问题

当孩子和父母顶嘴，我们做父母的也要不断地复盘，不断地改进。因为，面对叛逆期的孩子，我们也要和孩子一起共成长，彼此促进，共同改进。

于是，我深入地反思了为什么叛逆期的孩子喜欢和父母顶嘴。

1. 觉得父母很固执

孩子觉得父母不愿意改变，拿着父母的权威，压制孩子，而且喜欢说："我

是你爸爸妈妈，你居然不听我的。"让孩子觉得没有说自己想法的权利。

2. 觉得父母不以身作则

要求孩子做的，自己却没有做到。比如不要孩子玩手机，自己却抱着手机玩，让孩子很不服气。

3. 觉得父母说话不算话

父母说的和做的不一致，让孩子很不服气。比如说奖励他，却没有兑现。让孩子觉得父母言而无信，很失望。

4. 不给孩子倾诉的权利

父母总认为孩子是小孩，不给孩子说自己理由和建议的权利，导致孩子积压的怨气太多，需要用顶嘴的方式表达出来。

那作为父母，我们究竟该怎么做呢？

1. 遇到孩子顶嘴，先冷静

遇到孩子顶嘴，我们作为父母第一反应就是生气、发火。其实生气、发火是解决不了问题的，只会让事情火上浇油，甚至伤害孩子的心灵，和孩子的感情越来越生疏，把孩子推向相反的一面。

2. 语气要温和，态度要坚定

有时候，孩子顶嘴是不正确的，做父母的知道这一点，我们不能因为孩子顶嘴就做出让步、退让，而是要保持自己的态度：语气一直温和，但是一直不松口。既不让矛盾更加激化，同时也保持了这件事的处理态度。

3. 了解孩子的真实想法

当孩子在顶嘴的时候，我们让他说一说、写一写自己的真实想法。愿意表达出来，我们才知道怎么去做，不表达出来才是最大的难题。从孩子的角度去理解他、关心他、帮助他，这样才能真正地解决问题，帮助孩子成长，同时也不会破坏亲子关系。

4. 教会孩子正确的说话方式

告诉孩子，顶嘴是不礼貌的。有的孩子在家里顶嘴形成习惯，然后就在学校和老师顶嘴，或者在社会上与别人发生冲突。所以孩子顶嘴的时候，正是教会孩子正确的说话方式的时候。正确的说话方式是：温和而不失尊严，平静而不会急躁，有礼有节，落落大方，彬彬有礼。

5. 要为孩子做好榜样

我们平日要求孩子做到的，首先自己要做到，让孩子真正地发自内心佩服自己的父母。这样才能让孩子口服心服。

遇到孩子顶嘴，并不是什么难题，只要我们愿意想办法，一切都会迎刃而解。

第二章

叛逆期学习引导：
调动孩子的学习动力

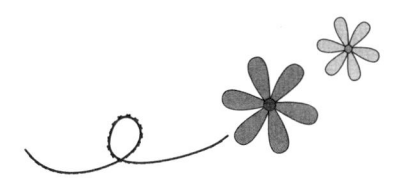

5. 孩子因升学压力焦虑怎么办

每个孩子都会面临考试,当升学越来越近,考试也即将拉开帷幕。临考阶段,家长紧张,孩子焦虑,面对升学这种压力冲突,我们该如何解决呢?对于考生来说,无论知识基础、应考心理还是健康的身体,都需要做好充足的准备。此时,家长们可以提供哪些保障,又该如何帮助孩子解压呢?

一、解压——加减乘除法

加法:加强营养。注意早餐,给孩子吃他熟悉的食物,做孩子最喜欢的食物。因为熟悉让人放松,喜欢让人开心。

减法:减去生病。尽量避免孩子生病,如果孩子咳嗽,赶快医治康复;为了避免腹泻,尽量吃得清淡;害怕孩子失眠,记得每天带孩子运动;为了避免头疼,给孩子买好风油精备用;为了避免中暑,买好藿香正气液。

乘法:快乐加倍。家庭氛围要温暖和谐,不要吵架。控制自己的情绪,控制住对孩子唠叨。

除法:除去烦杂。给孩子营造宁静的环境,家里面除去各种应酬,不在家里面办各种聚会。

二、饮食——考前饮食禁忌

忌盲目进补。有的家长为了给孩子加强营养，担心孩子用脑过度，盲目服用保健品，此时并没有咨询医生意见，盲目进补，不但无益，反而有害。

忌食谱变化大。有的家长想增加孩子的营养，变着花样给孩子做饭。其实，此时应该尽量避免营养食谱变化太大，避免造成胃肠不适应。

忌饮食不卫生。考试前，注意饮食卫生，避免应考前引起腹泻腹胀，让考生身体波动。

忌营养过剩。有的家长怕孩子营养不足，吃山珍海味，导致消化不良，大脑反应迟钝。

忌主食太少。有的家长认为多吃鱼类肉类就行，但是主食不能减少，不然孩子会有饥饿感。

三、自问——五项自问法

1. 最近，我真的对孩子全身心付出了吗？
2. 我的行为到底给孩子造成的是增压还是减压？
3. 我做的哪些事情可以继续坚持做，哪些不需要我做？
4. 我的行为孩子都理解了吗？怎么能够让孩子更理解我的心意？
5. 我应该怎么做才能起到更好的正面激励？

四、情绪——心态调整法

1. 变要面子为人生引导。孩子不是我们的理想寄托，考不好不是家长没有面子，学习是为了他的人生。

2.变情绪宣泄为情绪控制。我们批评孩子，不是为了宣泄自己的情绪，而是真正帮助他成长。

3.变焦虑施加为解压疏导。我们不能盲目把自己的焦虑转给孩子，而应该帮助他们减压。

4.变盲目陪伴为用心陪伴。陪着不代表陪伴，只有对自己的孩子用心用情，才叫真正的陪伴，才能看到效果。

5.变盲目乐观为如履薄冰。对孩子，凡事不要盲目大意，我们要做到关注细节，多关注孩子的状态。

五、提倡——最应该说的话

1.面对自暴自弃的孩子：最后冲刺，多少都是有作用的，我相信你懂得为你未来负责。

2.面对迷茫的孩子：你需要我们大人做什么，我会尽力提供帮助。

3.面对暴躁的孩子：你不需要我们做什么，你也尽管告诉我们。

4.面对有些压力的孩子：只要竭尽全力了，不留遗憾，就好。

5.面对过度焦虑的孩子：不管最后结果如何，爸爸妈妈永远等你回家吃饭，爸爸妈妈永远爱你！

六、规避——最忌讳说的话

1.忌语言太空：加油，我的宝贝一定能成功！

2.忌增加压力：别忘了你自己的承诺哟！

3.忌否定孩子：我们亲戚家孩子都考上了，就你最笨，最不努力！

4.忌转嫁焦虑：我们都着急得不得了，考不好，看你怎么办？

5.忌推卸责任：我们家长说了这么多，都没有用，只有靠你自己了！

七、妙招——十字解压法

说：引导孩子给父母说说心中的烦恼。

动：每天早上或者晚上，带孩子运动一下。

听：让孩子听听自己喜欢的音乐。

看：带孩子看场一直想看却没有看的电影。

读：让孩子读一读自己喜欢的健康的书籍。

笑：当孩子有些郁闷或者烦躁时，引导孩子大笑一番。

睡：实在太困倦，睡个觉后，一切困倦解除。

唱：鼓励孩子唱唱自己喜欢的歌。

吼：找个空旷的地方，带着孩子大吼三声。

坐：陪着孩子坐在位置上，闭目养神一会儿。

八、调节——考前五调节

1. 调节孩子情绪心态。多与孩子聊天，了解孩子的所思所想。

2. 调节孩子生物钟。注意孩子不要"开夜车"，保证孩子充足睡眠。

3. 调节孩子复习方法。注意复习基础，而不是仅攻克难题。注意关注所有学科，而不仅是薄弱学科。

4. 调节孩子自身定位。此时不要好高骛远，根据自己的实际定位自己，从而保持平和心态参加考试。

5. 调节家长自身心态。家长遇到任何事，都要稳住阵脚，保持心态平和，情绪稳定。家长的从容不迫，就是孩子最好的营养品。

九、转换——利用考试法

临阵磨枪，利用考试促进孩子反思。

1. 复盘问题。引导孩子总结：我这几天哪部分的知识可以提升，哪些分是可以不丢的。

2. 发掘潜能。充分抓住最后的时间，不松懈。相信人的潜能是无限的。

3. 比对自己。引导孩子和自己比较：我和上一次考试比较，进步了多少；今天和昨天的知识掌握比较，我又多掌握了哪些。

4. 培养严谨。考试前，认真对待每一个学科；考试中，认真仔细做好每一道题，培养严谨的态度。

十、规划——万无一失法

1. 考试前一周

（1）情绪准备：每天鼓励孩子喊出积极的自我暗示语。

（2）复习准备：抓住最后机会，进行查漏补缺的复习。

（3）身体保护：保护好孩子的身体，不要生病。

（4）心理准备：给孩子心理暗示：不管结果，只管行动就是。

2. 考试前一天

（1）准备所有用具：准备好考场要穿的衣服，准备好考场所有需要的用具，准备好巧克力、风油精、藿香正气液等。

（2）想象考场情景：引导孩子提前在脑海里进行三遍进考场的预演。

（3）保证睡眠质量：监督孩子保持正常的作息时间。

3. 考前三个小时

（1）检查好进考场用的准考证和考试用具。

（2）出门前，记得给孩子一个大大的拥抱，一定是紧紧的拥抱。

（3）记得告诉孩子：爸爸妈妈相信你！爸爸妈妈回来给你准备好吃的。

4. 考完部分学科时

（1）家长要微笑着给孩子一个拥抱，不要问考得如何。

（2）关注孩子的情绪，并积极地引导孩子考好下一科。

（3）晚上家长可以在旁边默默地陪伴孩子复习。

5. 考完所有学科

（1）给孩子做一顿好吃的，庆贺孩子考试圆满结束。

（2）让孩子选择喜欢的活动玩一玩，帮助孩子正确放松。

（3）引导孩子总结自己这次考试心得，助力孩子在考试中成长。

6. 孩子假期无所事事怎么办

假期到了,"小神兽们"归来了。也许有的家长会说,我给孩子早就制订了完美的学习计划,孩子每天都安排满当当的,但做了这些就一定有效吗?如何帮助孩子安排好假期生活?

一、直面问题——孩子的假期真的有效吗?

1. 假期休息了,不代表休整了

假期是一个短暂中场休息阶段。有些家长认为,孩子辛苦了一个学期,好不容易到了假期,让孩子休息休息,放松放松。可是,有的孩子用放纵代替了放松:打游戏打到凌晨,中午 12 点起床,假期与手机为伴、与电视为伍,开学狂赶作业。每一个放纵的假期就是孩子颓废的滑梯。

2. 假期计划做了,不代表执行了

放假前,以为时间足够充裕。制订计划的时候孩子都是雄心壮志,家长也是豪气满满,可是执行的时候,困难总是有的,行动也是怠慢的。又到开学时,家长突然惊觉和孩子一起信誓旦旦许下的承诺,都化为泡影……究其原因,就

是行动,要么拖延着没有行动,要么没有坚持行动。

3. 假期补课了,不代表吸收了

有些家长会说:"我的孩子假期去补习了,学习就不用操心了。"有的孩子是被家长逼着上补习班的,孩子的内心是排斥的、厌倦的。那么,一个陷入了被动学习的孩子是不可能深度学习、深入钻研的。

4. 假期作业做了,不代表掌握了

很多父母有个误区:以为孩子一天到晚在做作业,就是在认真学习,以为完成作业就是做对作业了。但是大多数孩子的时间浪费在拖延上,有的孩子连完成作业都是问题,更别说作业质量了,所以,做了作业不代表掌握了!

二、观念决定行动——家长在暑假如何做好角色定位?

"神兽"回家,专门气妈。做父母,我们最怕的是"里外不是人",明明是为了孩子过一个有意义的假期,最后换来的却是不被理解,亲子冲突不断,身心俱疲。观念决定行动,改变我们假期的角色定位是当务之急!

1. 从孩子的需求入手

一个优秀的推销员不会把产品做成强制推销,而是站在客户的角度去了解、去思考、去引导。所以,作为父母,我们是否像推销员了解客户一样去了解自己的孩子?是否站在孩子的角度去体验他的感受,思考他的想法?我们要做的,不是唠叨劝说孩子接受我们的观点,满足我们的心愿,而是抱持尊重平和的态度,问问他的想法是什么。他想要什么样的假期?希望提升哪项技能?如果孩子的想法是我们赞同的,就可以一起细化执行;不赞同的,和他耐心地一起商议,慢慢地达成共识,把我们的要求变成孩子的需求。这样,矛盾也就迎刃而解。

2. 收放自如,拿捏有度

管理孩子的过程,本身就是大小状况不断的过程,考验的是父母的耐心、处理问题的智慧、坚持管理的毅力。教育孩子是长期坚持的过程,一个优秀的孩子不是一朝一夕一蹴而成的,而是千锤百炼一如既往坚持下来的结果。

管理的智慧是对孩子要外松内紧，战术上忽略，战略上重视，不让孩子觉得是被家长控制。同时我们要拿捏有度，暗暗地提示方向，适时地给出指引，传递父母的爱，表达父母的情，既不放弃，更不对抗，温和而坚定地定好规则，执行措施。

3. 不要贪多，重在突破

假期帮助孩子提升，不能什么都要，面面俱到，最后面面不到。所以，假期，我们只需要像钉钉子一样突破一个点，帮助孩子提升一个方面，如此，孩子不累，也有效果。当然，钉子钉在哪儿，需要提前选择，和孩子商量目标在哪里，规划怎么做。同时，钉的过程需要掌握节奏，掌握力度，帮助孩子的过程，需要注意方法，也需要不断地检查、跟进、调整，这样才能真正把假期提升落到实处。

三、结合孩子实际——制订专属假期生活

假期，需要家长根据孩子的个体实际、家庭的具体情况、假期的时间安排，最后采取适合自己孩子的行动。如此，才能让假期学有收获。

（一）基础版

1. 制订计划——长计划和短计划结合

假期计划可以由孩子自己拟订，家长建议的方式制订。制订的内容包括整个假期的大目标是什么、每周需要完成什么、每天需要落实什么。长短计划结合，同时需要家长进行监督，对每天的落实给予反馈，再复盘帮助孩子第二天改进。

2. 安全到位——安全意识与安全防范结合

重视安全，从我们家长做起。面对安全教育，我们不仅仅是签字了事，更不能心存侥幸，而是从生活细节中，保持对安全防范的敏感和警觉性。教给孩子必要的安全知识，明白必需的安全措施，排除自家的安全隐患，明确居家的安全边界，做足出门必备的安全攻略。如此，才能真正地把安全防范做到位。

3. 作业有效——作业完成和作业检查结合

用"蛋糕切分法"把作业进行整体规划，每天完成一点点，把大任务做成小切口，这样，才能避免开学狂赶作业的情况发生。同时，每天，我们家长不是询问唠叨"作业完成了吗？赶紧提前完成假期作业"，而是用检查孩子做了多少，做得如何进行代替。

4. 锻炼身体——锻炼目标与每日坚持结合

锻炼身体，不仅仅是"打卡"。比"打卡"更重要的是锻炼的质量和每天的坚持。因此，给孩子提出可实现、能提高的锻炼目标，并督促孩子天天坚持不懈地完成。

5. 管好手机——手机公约和手机使用结合

堵塞不如疏导，与其武断地控制孩子玩手机，不如平心静气一起商量假期"手机公约"：什么时候玩手机，玩手机的时间多长，玩手机的范围，如果违反哪些规则，家长可以收回手机使用权。最后，真正严格执行是关键。

（二）增值版

1. 学习一个特长——需要持之以恒

假期是学习特长的最佳时机，有整块的时间进行强化训练。同时，学习特长，有兴趣仅仅是起点，而学得出色，是个长期的过程，需要耐得住寂寞，受得了清冷。忍耐和坚持，才能实现特长量变到质变的转换。

2. 补好薄弱学科——保证学习时间

假期补课，不需要全面开花，而是重点突破薄弱学科，再细化到突破学科中的薄弱内容，并需要付出足够的学习时间。如此，会有意想不到的收获。

3. 提升阅读能力——选择优质书籍

"爱上阅读的孩子前途无量。"假期，是培养孩子阅读习惯的加油站。好书如好友，选择有品位的书籍，陪伴孩子一起阅读平时没有时间看的好书。有节奏、有层次、有品位的阅读胜过浮光掠影的浅层次阅读，提升读书品位，才能实现美丽绽放。

4. 提高自律能力——严格执行奖惩

自律，才是一个人一生中最重要的财富。自律，是所有优秀的人的共性，是一个孩子最该拥有的品格。在孩子没有养成自律习惯之前，需要家长帮助孩子抵制诱惑，给孩子一个奖惩措施，并严格执行，帮助孩子体验自律带来的快乐。

5. 增进亲子关系——创造陪伴机会

假期是加强亲子关系的黄金期。所以，多给自己留一些亲子陪伴的时间，创造亲子陪伴的机会，多与孩子互动交流，如此，亲子关系才会变得更加亲密。

（三）拓展版

1. 增加视野见识——来一次大自然的亲密接触

读万卷书不如行万里路。孩子生活的广度决定了他成长的视野，利用假期宽松的时间，来一次与大自然的亲密接触，来一次家庭的远行旅游。在旅游中收获身心的愉悦，对世界的认识，对生活的观察，对生命的感悟。

2. 增加实践能力——有一次打工体验

给孩子体验社会的机会，培养社会综合能力。去体验一次挣钱的艰辛，知道生活的不易。但是社会综合实践是否有效果，取决于家长的态度，需要家长狠得下心。

3. 增加生活技能——当一次父母全能保姆

日常生活中，父母一边为生计奔波，一边照顾家庭，兼顾家务。在假期，让孩子给父母做一次全能保姆，负责家里各项事务：做饭、打扫房间、洗衣等，既学习了生活技能，也体会了父母的艰辛，更加懂得感恩父母。

4. 增加耐挫能力——选一次有针对性的研学营

生活中总会遇到各种各样不如意的事情，学业的失败，感情的失败。现在的孩子心理脆弱，容易感情用事。所以在假期，创设条件增强孩子耐挫能力很有必要。我们可以根据孩子的实际情况，尊重孩子的兴趣，选择适合自己孩子的研学营，弥补平时学习生活无法进行的研学。

5. 培养公益情怀——做一次爱心志愿者

利用假期，做一次公益活动，当一次爱心志愿者，传播正能量，唤醒良知，唤醒善良，把爱心和温暖传递。到社区做一次服务者，去贫困山区帮助失学儿童，到敬老院献一次爱心，等等，做一个有担当的社会人，让自己的灵魂变得丰盈。

7. 家长如何正确地辅导孩子学习

我在学校当老师,习惯了给学生辅导作业,可在家里给自己孩子辅导,那完全是两码事。这不,给儿子辅导作业这事,那可是一波三折,其乐无穷啊。

一、儿子给妈妈当老师——让孩子自信

一般辅导儿子作业时,都是儿子做,我评讲。天天这样做,儿子好像有些不情愿了。

一天放学回家后,儿子嘟着嘴,很不服气地说:"妈妈,今天你来做,我来改,看你又能得多少分?"

我还真不敢马虎,每道题都做得战战兢兢、如履薄冰。

嘿,儿子还真有教师范,一本正经地评分,仔仔细细地提问,认认真真地研究,一个问题一个问题地引导我这个学生回答出来。

我也一本正经地说:"罗老师,这道题我没有听懂,学生没有听懂,老师要负责解答的。"儿子吐吐舌头,更是温和耐心地重新讲解了一遍。

一会儿,我又故意嚷嚷:"罗老师,你可不能看着答案讲呀,需要自己理

解了讲给我这个学生听哟。"

"罗老师"只好埋头继续钻研，反复琢磨，再讲给我这个"笨学生"听。

如此反复后，效果远远超过平时做阅读理解的效果。

讲题结束后，我打趣地说："老师，明天晚上我还要做一套题哟。"

儿子扮了一个鬼脸，然后一本正经地说："明天晚上'罗老师'很忙，给'学生'放一天假。"

二、妈妈给儿子当老师——给孩子示范

孩子小，可以这样"忽悠"，可多几次那又不成了。

这不，慢慢地，儿子这个"老师"变得苛刻、刁蛮起来。

一天，儿子斜着眼睛，高昂着头，说："你还是个语文老师，你做阅读理解怎么就不能得满分呢？你看我们语文老师，一做一个准。做阅读理解每次都是满分。"说完，很不服气地转过身去。听完这话，我的心顿时凉透了半截，在儿子面前，我是母亲，母亲不被自己儿子崇敬，那真是"奇耻大辱"啊！看来，还真得在这小子面前露两手，杀杀这小子的锐气！

于是，我"痛定思痛"，决定"发愤图强"。怎么"发愤图强"呢？就是在给儿子辅导之前，把所有题提前做一遍，做好充分的备课准备。

儿子回来了，我主动提议："儿子，今天开始，你做一遍，我在旁边用白纸也做一遍。"

"啊，真的呀，"儿子惊喜地跳起来，眼睛里闪着亮光，"太好了，我可以抓住机会批评妈妈做题不好了。"儿子一脸窃笑，边说边把题目的答案拿在手里，"不能看答案哈。"

我拍着胸脯，大声说："哪用得着啊。"

做题开始，我在旁边认认真真地做，儿子更是一丝不苟地做，还不时歪着头，看我这个妈妈做到哪儿了。我也故意说："不准舞弊，我们各做各的，看谁做得好。"

果然，有我这个妈妈陪着一起做，孩子的认真程度比以前更高了。

做题结束。我们俩一起看题，一起审答案，"看这道题，妈妈可是满分，你被扣去 1 分。"儿子显得有些不好意思。

继续看题，"这道题妈妈又是满分哦。"我故意高声说道，此时儿子已经是满脸羞红。

继续改题，这道题，我同样又是满分。这下儿子终于耷拉着脑袋了。

此时，我却故意轻松地拍拍衣服上的灰尘，昂着头，得意地说："你以为你妈妈当老师是白当的，那可是有真本事的。"说着，站起身，头也不回地潇洒离开……

三、自己给自己当老师——让孩子自立

儿子给我当老师也好，我给儿子当老师也罢，这都不是长久之计。我们不能永远陪着孩子学习，要让孩子学会自主学习，让他真正明白学习是他自己的事。所以，我决定：让儿子学会自己给自己当老师。

这天，我和孩子谈心："儿子，你也不小了，总不能老是妈妈陪着学习呀，最后妈妈也不可能陪你去考试啊。所以，还是要学着自己给自己当老师。好不好？"然后动之以情，晓之以理地讲了一个故事："一只老鹰为了让自己的小鹰学会飞翔，把小鹰推下了悬崖，小鹰是垂直而下，直落山涧。老鹰顿时泪流满面，这时，小鹰想起了妈妈教它的飞行本领：放松身体，打开翅膀，顺势而翔。果然，按照这样的方法，一步步做，自己不再降落，居然飞了起来。此时，山风徐徐吹来，山花轻舞腰肢，林间小鸟欢腾雀跃，原来飞翔是如此惬意。"

儿子听完，虽然极不情愿，但最后还是无奈地点点头："好嘛，那你陪在我旁边。"

于是"断奶"阶段开始，儿子做题，我坐在旁边看书。儿子边做边嘟囔："妈妈，这儿我读不懂。"此时，我告诫自己：心肠一定要硬，不能心软。我冷冷地说："先自己做完再说。"

儿子硬着头皮终于艰难地完成。此时，我们要教给孩子方法："做完了，要学会自己看答案，看自己的答案和标准答案有什么不同，思考，为什么自己答不到这个点上。"果不其然，对照答案的瞬间，让儿子大跌眼镜，标准答案和自己的答案大相径庭。

于是，我要求孩子重新做一遍。孩子此时已经慢慢学会自己思考，自己去斟酌答题方式了。

经过这样"当老师"的一个轮回，儿子的自主学习能力得到大幅提升，现在基本上都是自己听写，自己安排学习。所以，"当老师"是"技术活"，"辅导孩子"更是一个"艺术活"。

8. 孩子认为学习是痛苦的怎么办

晚上,和儿子一起散步,儿子说:"妈妈,我们班上有个同学腿摔伤了,他要在家里休息一个多月呢,真好。"

我猛地一颤,儿子接着说:"要是我也摔坏了腿多好啊,就可以不用上学了。玩可比学习轻松多了。"顿时,我傻眼了,宁愿摔坏腿,都不想上学,虽然儿子这是随口一说,但是代表了他的心理状态啊。

孩子不想上学,我该怎么办?

一、欲擒故纵——给孩子一个空间

我不动声色,听着儿子的话,我想此刻要是给他讲学习多么重要,他是听不进去的,干脆来个欲擒故纵。

我问:"儿子,你那个同学摔成什么样子了?"

儿子回答:"粉碎性骨折。"

我摆摆手,说:"儿子,哪用得着生病或者摔伤不去上学啊,你只需要说一声,我们马上就可以不上学,这样爸爸妈妈可以节约好多钱。"

"妈妈，真的？"儿子有些不相信。

"是啊，明天就可以不读，一直不读都可以。"我肯定地说。

"因为你那个同学，他骨折之后，还是需要回去读书，而且他还欠了那么多的'学习债'，自己再补上来，需要付出比以前更多的努力，这样更辛苦，与其这样，不如干脆不读！"我要给儿子预设一下后面的情况，让他明白事态的发展，这样教会儿子做一件事要考虑后果。

二、耐心开导——给学习一个理由

回家后，我把这个事悄悄告诉了老公，老公沉默了一会儿。趁着吃晚饭的时间，老公开始和儿子聊天。

"儿子，你觉得学习累吗？"

"累！"儿子毫不犹豫地说。

"但是人不会轻松一辈子啊，你作为男子汉，以后还要养家，要是不学习，我们能做什么呢？"老公继续说。

儿子沉默不语。

"累，可能会累一时，但是不学习，不读书，你可能会累一辈子，到时候，怎么办？我们考虑问题还是要长远一些为好。付出才会有收获啊。"

三、身边人物——给学习一个例证

给孩子举例子，与其举书中或者远的例子，不如举身边人的例子，这样，举的例子既生动，又有教育意义。

我开始举例："儿子，我有一个叔叔，他家里本来很穷，可是，他有一个特点，那就是读书勤奋，学习努力。虽然，阴差阳错，他没能考上大学。后来，他去参军，到了部队仍然坚持自学，部队领导见他学习勤奋，就推荐他去考军校。一考，就考上了。所以，机会总是会垂青那些爱学习、肯吃苦，百折不挠的人的。"

老公也趁热打铁，说："你再看，你的爸爸、妈妈，都是靠读书走出来的。所以学习是苦，可是不爱学习，或者不学习的人生，后面可能会越来越苦！"老公越说越激动，儿子也开始沉默下来。

"所以，读书是为了让自己的未来有更多的选择，遇见更好的自己，会有更多机会认识优秀的人，视野更开阔，更有可能过上自己想要的生活。学习是一辈子的事情，不仅仅是你现在读书这几年。"儿子一边听着，一边吃饭，无形之中，我相信他已明白什么。

教育就是熏陶，在不经意间润物细无声。

四、深度思考——挖掘根本原因

事后，我陷入了深深的思考……

当孩子认为学习是痛苦的时候，我们先来反观我们自己：我们是不是也是这么看的，觉得自己看书没有时间？或者拿着书打瞌睡，而我们却要求孩子：你要好好学习，你要考上重点高中，你不要懒惰。

实际上，如果我们自己都认为学习是痛苦的时候，这种感觉已经在悄然间，自动传给了孩子。并且我们还抱着"我是正确的，孩子是错误的"的观点，甚至自然而然地把我们家长放在正确的"板凳"上，把孩子放在错误的"板凳"上，还理直气壮地批评孩子："你怎么不爱学习？我给你讲了那么多道理，你怎么还是不听？"然后，如此反复遭遇挫败后，就会垂头丧气地说："我对孩子已经没有办法了，他已经'病入膏肓'了。"

我们总是觉得，孩子出现问题，就是孩子的错，与我们大人没有关系。其实，孩子的学习力超强，而任何正确的行为都需要引导，并且反复训练才能定型。家长的行为和孩子的行为是互为因果的关系，互相制约的关系，互相依存的关系。孩子说学习是痛苦的，也许是我们的某种行为导致了孩子有这样的想法，要么是我们无意中传输的，要么是潜移默化影响的，要么是孩子遇到的关键事件被我们忽略了教育时机，要么是我们无心之过，要么是我们错误的观点驱使我们所为。一切，一定是有根的。

所以，当我们遇到孩子认为学习是痛苦的时候，我们会教育孩子，而教育孩子可以分为三个层面，一是观念层面，二是情感层面，三是行为层面。

如果停留在观念层面，就是说教：你要好好学习，你要怎么怎么样，这是我们惯常的教育方式。这样的教育，隔靴搔痒。因为道理谁都懂，可是孩子最不吃的就是这一套，甚至会说：烦死了，不要说了嘛！那么进一层呢？是情感层面。我们一般表达父母对孩子有多大的期望，我们在孩子身上寄托了多大的希望，为了孩子，我们做爸妈的累死累活都愿意。当然，这确实能感动孩子，可是，孩子还是不知道怎么做。真正最好的教育是行为层面，教会孩子怎么做。这需要有意识地刻意练习，才能形成习惯；这需要父母不断地巩固，最后才能定型为习惯。

最顶级的做法，那就是，我们父母自己爱上学习！用我们父母真实的反复的行为，让孩子看到，并自觉模仿！这样的教育方式，才能真正让孩子口服心服！

我们自己认为学习是快乐的，并且做成长型家长，用自己的不断学习、不断成长、不断拔节的榜样行动，影响孩子、改变孩子，最后才能成就我们的孩子！

9. 孩子学习自觉性差怎么办

很多家长向我抱怨：我们家孩子始终在学习上无法自觉，我也不知道怎么帮助他。关于这个问题，我还真有一点小小的心得。我家儿子最大的优点是自觉学习、自觉做作业、自觉复习。我们是怎么做的呢？

一、回归本位——让学习变成孩子自己的事情

最好的学习方式就是教会孩子为自己的学习负责。我们从小教给孩子的是：学习是自己的事情，不是爸爸妈妈的事情，也不是老师的事情。所以不管遇到什么事情，我们都会告诉他，种瓜得瓜，种豆得豆，你自己什么样的行为，就会回报你什么样的结果。

这一点，孩子爸爸比我做得好。周末的时候，我这当妈的就会催促："儿子，快去做作业了，不然做不完怎么办？"老公就会说："哎呀，你管他干吗，学习是他自己的事情，他要是没有完成，自然有老师教育他。"

你还别说，这正话反说还真有效，儿子乖乖放下手中的遥控器，自觉做作业去了。

到期末了，我会催促儿子："儿子，马上考试了，你到底在努力没有，赶快去复习。"

老公马上说："学习是他自己的事情，他既然要玩，那他自己就要承担考差的结果。"

青春期的孩子，你越是这样欲擒故纵，他就越会着急。再加上经常告诉他："学习是你自己的事情，不是别人的事情。"儿子慢慢就学会了为自己的学习负责。

二、态度意识——父母不"狠"，孩子学习不稳

周末的时候，很多家长都很苦恼，孩子一回到家，就完全放松，不认真完成作业，自己又要上班，到了周一的时候，孩子的作业又没有完成。如何能够提升孩子周末做作业的效率呢？

有时候，做父母的，需要狠得下心。

记得刚上中学那会，有一次，儿子历史作业没有完成，到学校被历史老师罚抄。回来后，儿子泪眼婆娑地向我们哭诉："我要抄写整本书。"儿子以为我们会安慰他，或打电话给老师求情，要求减量。

可是，最后他失望了。我们一点都不着急，只是淡淡地说："学习是自己的事情，不关我们的事，自己不认真，该罚！"

晚上，孤灯下，儿子拿着笔不停地抄写着，他一边抄写，一边哭。看到自己孩子哭泣的时候，做父母的那是格外心疼。可是，转念一想：有了这一次，就会有下一次。于是，我们斩钉截铁地对儿子说："自己犯下的错误，自己承担。"儿子眼看着没有办法，硬着头皮，只好坚持着抄写完。可是，经历了"多么痛的领悟"之后，迎来了几年的"春天"——从此，儿子再也没有不完成作业的现象了。

如果当时我们心一软，也许至今孩子完成家庭作业都还有困难，所以关键时候，狠一狠心，其实对孩子来说就是一次蜕变。

在手机问题上，我们同样狠得下心。我和儿子约定："既然没有完成作业，这个错误还是需要惩罚的。这段时间不能玩手机。"儿子满口答应，可是这个过程毕竟是艰难的，每个周末儿子苦苦地哀求："妈妈，我玩一会手机吧，就10分钟。就10分钟！妈妈，可不可以吗？"我仍然不作声。有时候对孩子的"狠"，就是对他的好。

果然，孩子整整坚持了15周，都没有碰手机。有时候，对孩子"狠"一点，坚持下去，就会冲破黑暗，迎来曙光。

三、刻意练习——学会让孩子养成习惯

习惯是什么？是重复了足够多的次数后，变成了自觉自动的行为。俗话说，21天才养成一个习惯。其实不然，要养成一个习惯需要90天才能真正固定下来。

由于我们从来没有给孩子提前补习过英语，所以，英语成了孩子的一个弱项。于是，我们要求他天天回家朗读英语。每天下晚自习回来已经10点了，儿子还要坚持读一个小时英语。

刚开始，儿子总是记不住单词，每次都读得痛哭流涕，他哭全家人跟着伤心，最后咬咬牙也坚持过来了。习惯养成也是如此，开始最难，过了关键的点，冲破最困难的瓶颈期，重复练习后，就变得容易了。

果然，经过了一个学期，孩子因为天天回家朗读，慢慢地，形成了语感，记单词也不再困难了。

四、动力激励——用孩子最在乎的目标做灯塔

目标是一个人的内驱力的所在。同时，我们需要不断地给孩子进行目标暗示。对于还尚在成长的孩子而言，目标需要是孩子自己内心在乎的，才能有真正的作用。

同时，有了动人的目标，还需要让孩子明白自己缺的是什么，并不断弥补自己的过失，才能真正地实现自己的目标。

如此，反复强化，自然增加内动力。

引导孩子增加学习自觉性，孩子毕竟就是个孩子，他也有反复的时候。那么，就需要思考我们不同的方法，所以，引导孩子学习自觉性的最佳利器：不断激励孩子努力的父母。

五、面对苦难——给孩子挑战自我的勇气

有时候，学习也需要挑战，而挑战自我，需要父母利用一切机会进行培养。孩子不敢挑战的事情，我们做父母的，在后面推一推，过了这个坎，孩子的勇气形成，自然可以潜移到学习上。

儿子怕参加研学旅行，因为他从来没有离开过父母。可是研学旅行正是锻炼孩子独立的能力。去丽江研学，儿子说："妈妈，我们一家子去过的，那就不用去了吧？"

"儿子，一家人是去旅游，而研学是去学习，是体验不同的感觉。"于是，我鼓励儿子报名。

出去研学的这五天，儿子遇到困难知道自己处理了，几天不见爸爸妈妈，更加珍惜和爸爸妈妈的感情，而且还懂得给全家人带礼物回来。

所以，作为父母，在意识上，让孩子为自己的学习负责，培养的是责任；在态度上，对孩子能够"狠得下心"，培养的是自律；在日常中，懂得坚持养成一种微习惯，形成的是自觉；目标上，用孩子最在乎的做灯塔，激发的是动力；在困难面前，培养孩子挑战困难的能力，形成的是意志，学习也就变成一件自觉、自发、自主的事了。

10. 孩子阅读习惯差怎么办

孩子学习习惯差，尤其是没有阅读的习惯，不懂得深度阅读，怎么办？

在我的孩子 6 岁前，留下了一个终身的遗憾，那就是孩子的阅读习惯没有养成！其实，不是我这个当妈的不重视，而是在孩子第一个叛逆期的时候，我逼着孩子读他不喜欢的书，也没有坚持每天阅读，最后适得其反，让孩子不爱阅读了。实际上，第一个叛逆期最重要的是：顺着孩子的天性，让孩子读他爱读的书。点燃孩子的阅读兴趣。

也许有的家长会说：孩子已经不喜欢阅读了，后面可能来不及了。不，对孩子一生而言，只要我们父母愿意去努力，永不嫌晚！

一、形成阅读习惯——坚持共创共读时光

孩子 9 岁的时候，我决定利用一个假期，和儿子每天共创共读时光，试着慢慢改变。

在我的鼓励下，儿子开始了伟大的读书计划！只见他拿着《我是白痴》这本书，却一直吊儿郎当地看着。

一会儿工夫，儿子就开始嚷嚷："妈妈，我应该读多少页？"我也慢条斯理地说："妈妈已经读了99页，你就读50页吧！"

"啊！"儿子大叫道！一副苦瓜脸的样子，"那我读20页，好不好？"孩子开始对我进行软磨硬泡。我有些无奈，谁叫我小时候没有把孩子的阅读习惯养成呢？于是，我耐心地说："20页？好像还是太少了吧！"

"那就21页零一个字！"这个小淘气！

"我们好像一起承诺过的，应该一起看一个小时，对不对？"

"那好，现在已经过了半个小时，那我再读半个小时！"儿子一边说一边拨弄着手机上的秒表。

可是，一会儿工夫，儿子又马上站起来，说："我要上厕所！"

"可以的，但是得把上厕所的时间扣出来！"我郑重其事地说。

"那我不上厕所了！"儿子努力咬着牙，嘴里哼哼地说。唉，这个淘气包啊！我心里暗暗叹息道。

"妈妈我还是边上厕所，边看书吧！"儿子拿着书往厕所跑。我打趣地说："儿子，按照你这么勤奋的劲头，你要成为最年轻、最伟大的文学家哟！"

可是，让人啼笑皆非的是，儿子上完厕所，回来做的第一件事，是查看时间！"呀，还有3分21秒呢！加油加油！"儿子自言自语道。一边说一边读起来。还剩1分3秒了，再看一点，终于到了，儿子欢呼着，放下书，走出门……

看着孩子这样读书，我心里又气又急，暗暗下定决心：不行，这个假期，我要陪着儿子把书读完，养成习惯！

虽然第一天孩子的阅读情况就给了我重重的"一拳"，可是，不管多难，既然决定要让孩子养成阅读的习惯，那么，我们就要学会坚持，坚持陪伴孩子阅读，坚持在固定的时间和孩子一起阅读。

于是，有了第二天，第三天……整整一个暑假过去了，我的儿子终于养成了每天阅读的习惯。

在阅读的同时，我和儿子同写"亲子阅读笔记"，并且，我们做了一个"100天阅读笔记挑战"约定。如果母子俩谁没有坚持下来，谁就给对方一份礼物。

二、深度阅读——不断追问中养成思考的习惯

挑战开始的第三天,儿子在选材方面黔驴技穷了。此时,正是教育孩子的关键时候啊!我告诉孩子:"我们可以多读书,把自己觉得好的地方记录下来。"

"好。"儿子毫不犹豫地答应了。

于是,他三下五除二地马上抄写完一个句子,递给我。"微风翻卷着荷叶,把清香吹得四处飘散。几枝尚未绽开的荷花立在月色下,像几支硕大的毛笔,黑黑地竖着。"他在笔记本上抄写了这样一个句子。

这引起了我对家长辅导孩子写读书笔记的思考:我们都让孩子写读书笔记。可是,每次仅仅是抄写句子,而没有深入地理解或者运用,那么写再多也是无用功。

于是,我微笑着引导儿子:"儿子,你读完这几句话,有什么感觉?写一写。"

"哦,好。"儿子答应得很快。几笔就写好了。我拿过来一看,他写的啥呢?"这句话很优美。"

我控制住自己的情绪,继续思考:孩子读书的时候,只知道这句话优美,却不知道优美在哪里,那么我们就该引导孩子学会深入细致地思考。

于是我开始追问:"这句话美在哪个地方?"

"几枝尚未绽开的荷花立在月色下,像几支硕大的毛笔,黑黑地竖着。"

"为什么美?"

"因为用了比喻。"

"把什么比作了什么?"我穷追不舍地问。

"把未绽放的荷花比作了毛笔,而且是黑色的。"

"毛笔怎么是黑色的?"我继续追问。

"因为荷花是脏的。"

儿子有一个不顾前后文的习惯。

于是我继续引导他联系前后文。

"妈妈我知道了,因为这是晚上,有月亮的晚上。"

"对了,孩子,当我们深入思考,深入地去读书,我们才能够真正地走进阅读。所以一个句子,我们还可以思考很多的内容呢。"

接着,我要求孩子进行梳理,组织自己的语言,写出自己的赏析。

当孩子停留在浅层阅读,无法从阅读的肌肤深入阅读的肌肉里时,不断追问是一个好办法。不断追问也能逐步让孩子养成深度阅读的习惯。

三、思考持续——用探讨养成辩证思考的习惯

每天晚上睡觉前,我都要给儿子讲故事或者听录音,这个习惯一直保持着,别小看睡觉前的讲故事,微习惯却有着大力量。在给孩子讲故事的同时,家长还需要和孩子一起探讨,让孩子养成辩证思考的习惯。

"锥刺股"这个故事虽然耳熟能详,可是我们要让孩子去深刻地领悟,讲出另外的道理。

晚上我给儿子讲着苏秦的故事,大体意思是苏秦本出身于商人世家,但是他不愿意安于富贵,希望实现自己的伟大抱负——成为一名成功的政治家。他早期的仕途之路十分坎坷,被所有国家赶出王宫,灰头土脸地回家,还受尽了家里人的白眼。

于是,他发愤图强,决心要好好钻研经书里的学问。他在一堆书里发现了《阴符经》,整整一年,除了吃饭睡觉,他都在研究这本书。长时间阅读一本书是非常枯燥的,读的次数多了,难免困倦,为了让自己保持清醒,苏秦就准备了一把锥子,只要自己打瞌睡,他就用锥子猛刺自己大腿,直到鲜血直流。经过一年苦读后,他觉得自己学到了真正游说的本领了。

我开始和儿子探讨:"儿子,这个故事背后的关键是什么?我觉得是他转变了观念,找到了学习的动力,观念的改变和动力让他有所成功。"

"妈妈,我不这样认为。"儿子开始反驳。

"为什么呢?说来听听。"我马上接过话,这是培养孩子形成思辨思维的关

键时刻。

儿子马上兴奋地说："我倒是觉得他学习是在逼自己，他还没有找到学习的快乐，他应该把学习当作生命的一部分。"

"儿子，老故事里我们能读出新的自己的东西，才是真正地把书读活，妈妈支持你这样读书！"

同时，除了听书，不断分享也是引导孩子思考的好方法。

当我看到颇有感触的文字，马上就会分享给儿子："儿子，妈妈给你念一段文字：我一直以来有个习惯，就是日清月结，周周复盘。多做多错是个铁律，做错事本身没什么可怕，但是意识到之后产生的负面情绪会让人产生焦虑，所以说成功的人内心一定是强大的，就是因为要成功必须逼着自己的认知不断更新迭代，迭代快的人会觉得自己不久前做的事情很傻，觉得自己傻的频率就叫'傻瓜速率'，所以越经常发现自己傻的人其实进步越快。"

"我就是个傻瓜。"儿子马上自嘲地说，"妈妈，看来做错事不可怕，关键是如何去反思，这很重要。"儿子能够在故事中总结道理，我倍感欣慰。

抓住时机，引导孩子进行思辨思考，尤其重要，如果长期坚持用故事让孩子思考，那么孩子的思辨能力是会不断提升的。

四、阅读提升——在体验中养成总结的习惯

阅读后，还要学会自我总结，尤其是在实践中引导孩子总结，从而让孩子养成善于总结的习惯。

儿子天天有回家背诗的习惯，我会凑上去，坐在儿子身边，说："儿子，妈妈陪你一起背吧。"

"你背到了，就能证明我背到了吗？背书是自己的事情，还是我自己背吧！"我们一直告诉孩子，读书是自己的事情。现在他居然用这样的话来教育我了。

好吧，既然不需要我陪着背书，那我就在旁边陪着吧。

儿子自己在背，我说："儿子，你今天晚上准备背多少？"

"挑战三首诗。"儿子自信地说。

"好,妈妈等着结果。"作为父母,我就是鼓励他的那个人。

儿子一边查资料,一边开始记忆。

不一会工夫,儿子兴奋地说:"妈妈,我会了。"

"好,背给妈妈听听吧。"我一个劲地鼓励孩子。

孩子背的是李贺的诗。背第一首的时候,轻轻松松;可是第二首,孩子有些吞吞吐吐。

"茂陵刘郎秋风客,夜闻马嘶……"儿子语塞。

我正准备提醒,儿子马上打住:"不要提醒。"

好,让孩子自己尝试吧。终于,孩子把诗背完。

这时候,在孩子成功的时候,就需要抓住时机,引导孩子总结方法。

我说:"儿子,你是怎么记忆诗歌的?"

"妈妈,首先我是查资料看意思理解这首诗,然后再用形象记忆法进行记忆。"儿子说着,"好了,背完了,睡觉了。"

"儿子,你现在这一遍的记忆是临时记忆,你需要继续巩固,背第二遍,才能事半功倍。"这个时候,是充分体现父母作用的时候了。

"真的?"一听事半功倍,儿子来劲了。

"真的,但是要比第一遍熟练才行。"我继续引导着孩子。

儿子继续背书,比第一遍更专注了。

于是,他第二遍背得更加流利。我继续说:"还需要第三遍背诵巩固。"

儿子继续背,第三遍完成。

"好,完美收工,睡觉!"又是一个美好的夜晚!

一边实践,一边引导,一边体验,不失为一种引导孩子善于总结,并不断验证的习惯。

所以,当孩子不愿意阅读时,我们可以以身作则,并不断鼓励孩子学会深度阅读、深度思考、辩证思考,边学边自我提炼总结,如此,培养孩子的学习习惯,就不是个梦!

11. 孩子学习上懒惰怎么办

最近儿子学习上有些懒惰，做什么都提不起兴趣。我是看在眼里，急在心里，怎么办？如何激发他立即行动呢？一个人最重要的是认识和思维，思维"在线"，一切才会"在线"。

一、放下顾虑——激发行动力

晚上，回到家，我开始和儿子谈心。我问道："儿子，最近我感觉你没有以前勤奋，你自己发现了吗？"

儿子回答说："妈妈，我现在很焦虑，感觉自己反正都考不上好学校，所以有些怠慢。"

"既然考不上，那要不回来算了，反正你都怕考不上。"我故意"煽风点火"。

"那怎么行，我还是要去试一试！"儿子头摇得似拨浪鼓，涨红着脸说。

"儿子，既然如此，反正都要考，不如好好博一番呢！"我鼓励儿子。

我停了停，低声问儿子："儿子，考试结果出来了吗？"

"没有。"儿子低着头。

"这不是杞人忧天吗？"我一边说，一边给儿子分析他担忧的原因，"你知道为什么我们会焦虑吗？"儿子怔怔地看着我。

"当我们对一件事情做好充分准备的时候，你会胸有成竹；当我们行动不够的时候，我们就会担忧自己准备不够充分，没有十足的把握，所以会担忧、焦虑。与其在这儿担忧焦虑，不如立即行动！"

听了我的分析，儿子这才坐直了身子。

二、踏出第一步——开启行动力

好的开端等于成功的一半，如何踏出第一步这才是关键，怎么办？

首先，教给孩子帕累托原则。一个人懂得行动力的原则，才会改变自己的思维状态。我告诉孩子："帕累托是意大利经济学家，他有一个著名的二八法则，也就是说，百分之二十的事情决定了百分之八十的人生。我们做事也是这样，我们之所以分心，是因为内心充斥着太多的事情，与其这样，不如用百分之八十的精力去做百分之二十的事情，这样，你的人生百分之八十就已经成功了。"

为什么需要孩子懂这个原理？因为，当一个人行动不起来，主要是没做好时间管理，而时间管理，关键是思维的管理，状态的管理，还有注意力的管理。因此，懂二八法则，就是让孩子做好思维的管理、精力的管理的前提。

然后，践行一二三口令。有了前提，接下来，是立刻制止分心的事情，我们给孩子一个"一二三"口令。我说："孩子，当我们看到自己行动不起来，在心里喊出'一二三'，此时，暗示自己'放下分心'。然后再喊'三二一'，此时暗示自己'开始行动'。来，儿子，我们试一试。"我继续鼓励儿子，大声喊出："一！二！三！"儿子跟着喊出："一！二！三！"

"声音洪亮点！"我提高了声调。

"一！二！三！"儿子此时挺直了背，声音震耳欲聋！我继续提醒："放下分心！"儿子闭着眼睛，默默念着。

"三！二！一！开始行动！"我继续引导。儿子也跟着高声喊着。

此时，我相信，开启行动力，儿子已经迈出了一步。

三、开始做事——持续行动力

接着，就是让孩子达到巅峰状态，继续给孩子点燃一把火，趁热打铁，一鼓作气。

第一，执行之初，分清主次。 我告诉儿子，我们制订计划每天不需要太多，只需要做好三件事。第一件，必须做的事情。第二件，应该做的事情。第三件，能够做的事情。三件事情不多，但是有主次，有层次之分，先做必须做的，再做应该做的，最后，能做的，能做就做。三件事不复杂，这样的计划，既有重点，而且也没有思想压力，同时，清晰明了、一针见血。

第二，执行中途，升级迭代。 在执行的中间，我告诉儿子："我们做同一件事，不要重复昨天的故事，要学会不断地改进，不断地升级迭代，这样既能进步，同时，也能保持新鲜，避免因为重复而疲倦。"

第三，执行后期，自找动力。 当我们越是执行到后期，越需要意志力。我告诉孩子："当执行到后期，很多人都坚持不下来的时候，我们需要给自己不断地找动力，比如，用环境逼自己，用监督人逼自己，用自我奖惩鼓励自己等。"

儿子立刻来了精神。他说："妈妈，我马上去行动！"我微笑着说："儿子，只要你能建立自己的高效行动力，我相信，我的儿子又会做回那个自信、主动、积极的，能发现自己的价值和人生使命的人！考不考得上，不重要。因为，那仅仅是人生的一步阶梯，但是重要的是，我们是否做一个有着持续行动力的人！"

当孩子懒惰的时候，我们要做的不是责备，也不是焦虑，而是懂得智慧地去激发他的行动力，开启行动力，并持续行动力！

12. 孩子复习期间浮躁怎么办

想提升孩子的学习成绩，这是很多家长关心并苦恼的话题。并且，孩子在复习期间老是浮躁不安，没有学习效率，怎么办？

一、强化——孩子的优势

儿子和我一起散步时，我们母子俩自然而然地讨论到了学习。

我主动挑开话题说："儿子，今天我们同事都在问你的学习怎么样呢。"

"他们问你什么？"儿子有些紧张。

"他们问你现在成绩如何。你猜妈妈怎么说的？"

"妈妈，你快说啊。"儿子有些着急。

"我趁此机会，说出了我儿子的几个优点。我说，第一，我儿子学习态度很不错，懂得学习期间自觉不玩手机，很有自控力。第二，我儿子学习很自觉，不需要大人督促，都会自己认真看书。第三，我儿子有克服困难的决心。只要发现了哪个学科是弱项，他就会自己想方设法补上来。"说完，我悄悄看了看儿子的表情。此时，儿子脸上出现了掩饰不住的兴奋之情。

为什么要强化孩子的优势呢？因为扬长避短，越是强调他的优点，他就越往好的方面发展。

二、谈谈——孩子的榜样

儿子最喜欢刘慈欣，自从《流浪地球》热播后，儿子就买了好几本他的小说。正好，今天谈成绩，和儿子谈一谈榜样，榜样的力量是无穷的。

"儿子，你知道刘慈欣在成名前是做什么的吗？"儿子一听刘慈欣的名字，来了兴趣，"不知道，他是干什么的？"

"是一个电工。"我淡淡地说。

"啊？"儿子有些不相信。

"他一直默默写作，当他获奖的时候，都没有人知道，他的同事说：'有个和你同名的人写小说很火。'所以优秀的人都是低调地坚持努力的人。"儿子聚精会神地听着。"他连领奖都没有参加。所以不看重结果，只注重耕耘的人才能走得更远，更成功。"儿子听到这儿，仿佛若有所思。

三、预估——孩子的目标

一个人有动力，需要目标。

我问儿子："你现在的分数，大概能够在升学的时候取得怎样的成绩？"

儿子突然变得神色凝重，开始认真地估算自己的分数："语文 130 分，数学 135 分，外语 135 分，物理 80 分的总分，考 70 分，化学 70 分的总分考 60 分，政治历史 50 分的总分，各考 40 分。体育 50 分的总分考 50 分。"

我说："儿子，如果按照这个分数，你是上不了你理想的学校的。"儿子再次沉默。

"但是，我相信你可以的。现在我们定一个目标，比如，你的数学要达到 140 分，那么这 10 分我们应该从哪几个题中去提升，你就要每天特别关注这几个题型。"儿子一边听，一边点头。我摸了摸儿子的头，笑着说："儿子，这样看起来，目标不是遥不可及的啊！对着目标努力，很容易实现的哟！"

此时，儿子情不自禁地笑了起来。

四、践行——孩子的行动

最后，我们还是需要用行动作为保障。

"儿子，接下来该如何行动？"

"我准备把自己的薄弱学科再好好补上来。天天晚上看英语。"教会孩子为自己的目标奋斗，找到自己的内驱力才是关键。

晚上，书房里，我在看书，儿子正静静地自觉复习……

五、调整——察言观色见机行事

复习期间，我们不动声色地关注着儿子的状态——身体状态、心理状态、睡眠状态。

终于，考试来临了！我们并没有刻意强化，而是和平日一样。

第一天考完语文和物理。儿子回来后，我急忙迎上去，接过孩子的书包，问："儿子，今天感受如何？"

儿子平静如水。我没有步步逼近，只是小心翼翼地观察着儿子。这个时候我们做父母的要懂得察言观色，千万不能让孩子的情绪波动太大。

儿子默默脱鞋，穿拖鞋，进屋。一切进行完。儿子开始拉开话匣子："妈妈，你知道今天作文写的是什么？"

"是什么？"我饶有兴趣，顺着儿子的话题问着。

"握住的手。"

"那挺好啊，很符合你平时的写作风格啊！"

"哎呀，就是。"儿子开始侃侃而谈。

"那你注意扣题了吗？"我继续问。

"注意了。我是在第一段的开头扣题的。"儿子满脸兴奋。

"那你今天有没有遇到问题呢？"

"妈妈，今天阅读题考了开头的作用。"儿子继续说。

"那你怎么答题的？"我们的目标不仅仅是指向一次考试，而更多的是借助这样的机会，让孩子学会掌握一类题。

儿子一边说着，我一边跟着儿子的语言应和、调整、提升。在不经意间，帮助孩子懂得处理下一堂考试。

所以，在孩子考试期间，我们要学会察言观色。考得好，鼓励孩子锦上添花；考得不好，鼓励安慰，并不断地引导孩子说出自己的想法，再因势利导，提升孩子的层次，改进孩子的认知，帮助孩子顺利跨过考试这道坎！

六、创设——宁静的环境

考试中途，孩子很容易浮躁。此时需要给他创设一个宁静的环境。

我在书房里，把桌面整理了一遍。给孩子一张干净的书桌，让他保持舒畅的心情。儿子走进来，开始复习，我坐在孩子旁边看书，默默陪伴。

考试期间，是孩子的特殊时期，关系着孩子在考试中能否正常发挥，所以，做父母的千万要重视这个特殊期，并且把特殊期打造成舒适期。

七、引导——总结复盘过去

考试结束后，需要引导孩子总结经验教训，从而指导下一个科目。

我问孩子："儿子，今天有没有需要改进的地方？"

儿子歪着头，想了想，说："古诗词有一个没有填上。"

"儿子，这些能得分的千万不要丢分。"我开始引导孩子，"明天要考政治、历史，那也是临时都可以提升分数的，只要背着了，就有分，咱们要吸取教训，争取会做的都不丢分。"儿子使劲地点点头。

在考试的中途,我们要多引导孩子总结,并把这些经验教训用于下一个科目。

考试分数揭晓后,同样需要注意复盘。不管成功还是失败,把注意力放在总结复盘,而不是分数上。这样,用每一次考试的成败指导孩子的下一次考试,如此,我们的考试成绩就会芝麻开花节节高!

第三章

叛逆期弱点修正：

不让短板成为人生绊脚石

13. 孩子爱报喜不报忧怎么办

在孩子叛逆期的时候,还容易遇到一个现象,那就是孩子喜欢报喜不报忧。这背后的原因是什么呢?

一、起因——发现端倪

最近,我发现儿子回家和父母交流的全都是好的方面,没有一丁点坏消息。

"妈妈,我今天上课的时候,别人都不敢起来背诵的古文,我主动举手背诵了。"

"妈妈,今天我做了几个俯卧撑,把人家吓了一跳。他们说没想到我这样的身子板,体育还那么好。"

"妈妈,我不说话则已,一说就是别人想不到的创意。"听到儿子每次聊在学校发生的高兴的事情,我心里面情不自禁地想:儿子越来越棒了,表现真不错。

其实真的是那么回事吗?

晚上,孩子回来说:"妈妈,今天老师要求大家背诵英语,其他同学都不会背，老师抽我，我背诵得很流利。"我一阵纳闷，儿子的弱项是英语，他们班级同学成绩都是非常优异的。其他同学真的就都不会背诵吗？不可能吧？

于是，我反问儿子："他们都不会吗？怎么可能？"

儿子不好意思地说："其实，老师抽我那段，正好是我昨天晚上回来背了的。"

"儿子，我发现你喜欢报喜不报忧哦！"我开玩笑地说。

"傻啊，小孩子怎么会对父母报忧呢？"

儿子的话让我陷入了思考，孩子为什么对父母都报喜不报忧呢？

二、思考——背后原因

当遇到孩子报喜不报忧的时候，我们做父母的，一定要冷静思考这背后的原因。找到原因，才能对症下药。

看到儿子这样，我理智地思考了为什么孩子会这样。

1. 父母对孩子有期望，孩子怕父母失望

我们总是期待孩子能做到足够优秀，这是每一个做父母的想法。可是孩子真的就能承受这样的期望吗。孩子心里明白自己没有办法实现父母的要求，他幼小的心灵无法承受这样的压力，所以就选择蒙骗过关，能瞒多久，瞒多久。

2. 怕父母惩罚，用报喜逃避惩罚

当孩子给我们说了自己表现不好的方面，父母一般会选择责骂，甚至惩罚。我们只注重结果，而不是过程。当我们听到孩子不好的方面，马上第一反应就是责罚孩子。所以，孩子为了逃避惩罚，就不向父母说不好的方面，甚至有的孩子选择用撒谎的方式来逃避惩罚。

3. 父母陪伴太少，孩子没有安全感

父母对于孩子来说，就是自己的全部。大多数父母一直忙于工作，觉得自己应该多赚钱，才能够给孩子提供良好的物质生活，却忽略了孩子在精神方面的需求。

小孩子的安全感特别低，有些事情在我们成年人看来非常正常，在孩子的眼里却非常可怕。当孩子感到害怕的时候，家长如果没有陪在孩子的身边，会让孩子的神经变得特别敏感；当孩子长大后遇到了困难，就不敢去求助于别人，害怕麻烦别人，同时，也担心自己糟糕的情况，会影响自己的人际关系。

三、改进——我们该怎么做

那么，作为父母，我们到底应该怎么做？

1. 让孩子感受到无私的爱和足够的安全感

我们可以和孩子交流："不管你遇到了什么，不管你表现得好还是不好，你都是我们孩子，我们没有嫌弃你的理由。遇到困难，我们一起渡过。"父母要给孩子创设一个安全的心理环境。

2. 遇到问题，心里默念"不生气"

遇到孩子说自己不好的方面，如果我们的第一反应就是生气责骂，长此以往，孩子就会害怕。所以我们要学会控制自己的情绪，第一时间先让自己心情平复、冷静下来，然后和孩子沟通。

3. 多下功夫，陪伴孩子

孩子毕竟是孩子，有时候自控力不足，需要父母引导和陪伴。父母应多关注孩子，不放过细节。比如，孩子的作业偷工减料，长期这样，孩子就会应付了事，难题越积越多。最好的办法就是，家长和孩子一起制订学习计划，梳理应该完成的学习任务，并认真监督，把问题扼杀在摇篮之内。同时父母要长期坚持，才能明察秋毫，细致入微地发现孩子的问题。

4. 孩子遇到困难，帮助孩子解决

很多时候，我们以为孩子认错了，就变乖了。其实不然，他不知道怎么处理。家长需要引导孩子怎么做，这一点很重要。坚持一段时间，孩子真的看到了自己的进步，就会建立自信。

想到这些，我心里释然了。因为所有的问题都是有原因的，同时，也能够找到解决的方法的。

　　此时，儿子已经熟睡。我想，明天我一定和儿子交流：儿子，妈妈也很喜欢听到你谈自己遇到的问题。因为我是你妈妈，我愿意陪你一起扛所有的压力。

14. 孩子做事三分钟热度怎么办

孩子做事，不能够坚持到底，开始热情满满，或者只做自己喜欢的事情，不能坚持做好该做的事情，这个时候，怎么办？

一、做事不能坚持——温和而坚定

小时候，儿子特别喜欢画画，一拿起画笔，龙飞凤舞，舍不得丢。

发现孩子有这样的爱好，我是喜不自禁，于是给孩子报了兴趣班。刚开始，儿子兴致盎然。到了三年级，儿子不乐意了，天天嚷着："我不想画画了。"这怎么行，才看见有些起色，就想半途而废。我自然不会答应。

儿子每次出门画画，就开始哭闹。孩子爷爷心疼地说："他不去就不去了嘛！"孩子爷爷是长辈，他已经发话，我这做晚辈的，不能不尊重啊！可是，在孩子半途而废这件事上，我却选择了坚持。我告诉孩子爷爷："爸，我们要是这件事让他半途而废，他没有毅力，以后做什么都做不好的。画画是小事，但是孩子做事三分钟热情，会成为孩子终身的弱点。"孩子爷爷见我坚持，也不再说什么。

那段时间，孩子一听说画画，就故意磨蹭，抱怨地说："妈妈，我不想画画，好难受哦。"可是，不管孩子怎么埋怨，我始终温和而坚定地要求孩子坚持画画。

果然，等孩子度过了最艰难的叛逆期，孩子画画的水平飞速提升，身边的人对他的画也是赞不绝口。儿子体验到成功感，自然不再排斥画画，而且自己对画画的要求越来越精进。

所以，当孩子坚持不了的时候，正是锻炼孩子意志的时候。父母温和而坚定的态度，起着至关重要的作用。

二、做事坚持很艰难——耐心地陪伴

孩子毕竟是孩子，有时候坚持得有些艰难，甚至痛苦，此时，父母的陪伴和耐心就是最好的良药。

假期，孩子换了一个美术老师。这个老师刚从美院毕业，看上去文文静静、知书达理的样子。老师对孩子挺负责，为了能让儿子成长，儿子的画画时间由两个小时变成了四个小时，顿时，孩子很不适应。怎么办？

我能做的是：陪伴，陪着儿子一起画。

美术室里有三个小孩，一个大的小孩，一个和儿子差不多大的女孩，还有儿子。三个人不断地开着玩笑。

儿子坐在一边，我坐在另一边，拿出书默默看着。

一会儿，儿子撒娇地说："妈妈，这个哥哥又欺负我。"他接连说了好几次，我知道几个孩子闹着玩，儿子是故意在妈妈面前撒娇，一个有安全感的孩子才会有这样的反应。

我微微笑着，"嘿嘿"几声算是回应。

三个小孩画完一幅后，老师对儿子说："你还要完成一幅速写，速写就是需要多画。"儿子点点头，平心而论，儿子还是蛮听话的。

当我环视四周，发现美术室只剩儿子一个人。"他们都画完了，我想你家孩子要考试，所以就留下他多画了一幅速写。"

顿时，我明白了，原来对儿子来说最难熬的不是画画，而是没有人陪伴。当所有人都走了，只剩孩子一个人，此时的时间是多么难熬而漫长呀。当我坐在旁边，哪怕我什么也不能帮助他，我什么也做不了，可孩子的内心是踏实的、舒心的，这就够了。

想着这些，我告诉儿子："儿子，妈妈天天都来陪你！"

三、做事完全凭喜好——严肃分析利弊

最近，儿子的数学、物理、化学成绩都进入了班级前三甲，可是政治、历史、地理是后三名。在一阵纳闷之余，我问儿子："你的几门功课怎么差距那么大？"儿子不屑地说："我喜欢的就好好学，不喜欢就不想做。"

我一阵叹息，说："儿子，我们不可能永远做自己感兴趣的事情，而是要做必须做的事情！"

最后，儿子选科的时候，因为现实原因，他最爱的化学不能选，还得选自己最不喜欢的地理。

我继续给儿子分析："如果我们只是凭兴趣做事情，最后，两种结果，感兴趣的会好一些，不感兴趣的差一些。可是，当你学得不好的学科让你的未来受到限制，当你感到绝望的时候，你的心志会影响你感兴趣的学科，最后导致都不够突出。你的数学、物理、化学学得好，但是政治、地理、历史很糟糕，在现实面前，你却不得不选自己不喜欢的地理。你因为只是凭兴趣学习，让你的综合实力拉低了。"

儿子不好意思地低下了头。

最后，我和孩子商量了后续怎么办。

1. 我们必须面对现实。坦然面对，而不是逃避，敢于面对自我，才是做事情的第一步。

2. 敢于踏出第一步。没有什么比行动更重要，与其花时间犹豫，不如立

即行动！停止内耗的最佳办法，那就是行动！别无他法。

3. 不要忘记目标。我们指向的是自己的目标，而不是心中的喜好。时刻告诫自己，我的目标是未来，而不是眼前，这样，你就会有动力做自己不想做的事情。

4. 时刻警醒。当自己想放纵的时候，提醒自己；当自己想放弃的时候，提醒自己；当自己心态不好的时候，提醒自己，只有这样，你才能真正把不愿意做，但必须做的事情做成一种习惯！

孩子的毅力不是别人给的，也不是自己天生就有的，而是父母不断培养出来的。当孩子能坚持做一件事，懂得拒绝诱惑，并能时刻告诫自己"我在做正确的事情，而不是任性地决定"时，孩子的人生已经向成功迈出了第一步！

15. 孩子犯错了怎么办

人的一生不可能不犯错，孩子会犯错，做父母的也有可能犯错。面对错误，我们该怎么处理呢？

一、孩子犯错——把错误扼杀在"摇篮"中

孩子犯错的时候，千万不能袒护，也不能用暴力惩罚，而是需要让孩子直面错误，并及时进行补救。

周末，儿子和我一起在休息。

儿子突发奇想："妈妈，我想加我们老师的QQ，想和他聊天。"

"可以啊，妈妈支持你主动和老师沟通。"我极力赞同。儿子受到了鼓励，果然加了老师的QQ。

一会儿，儿子兴奋地说："妈妈，我们老师通过了。"儿子眼睛里闪着光，"哈哈，妈妈你不知道，我可是用的班上另外一个同学的名字加的老师，老师居然上当了！"儿子兴奋得手舞足蹈。

我愣住了。这可是欺骗，这样怎么行？一个孩子不诚实、撒谎，往往就是

在孩子第一次撒谎时尝到了甜头，导致了后面的不可遏制。

在关键的事情上，做父母的必须将孩子的错误扼杀在摇篮里。

于是，我义正词严地告诉儿子："首先，用同学的姓名加老师的QQ，这是对同学的不尊重；同时，也是对老师的一次欺骗。如果老师知道你这样欺骗他，你将失去老师对你的信任，一个人破坏了对方对你的信任重新再建立，那简直难上加难，所以不要轻易破坏人与人之间的信任，这一份信任是需要细心呵护和用心自律才能保护好的。"

儿子还是不以为意。我提高声调说："我告诉你，儿子！小时候，你听说过'狼来了'的故事，可是你现在做的事情比'狼来了'的主人公犯的错误还要大！赶快及时止损，告诉老师实情！"

儿子见我态度坚定，有些惊异。我继续说："马上给老师说出实情。"在孩子犯错的时候，一定要坚决制止，决不能手软。

儿子意识到事情的严重，说："妈妈，我是因为我这个同学经常用我的名字去骗别人通过好友，我才是第一次呢。"

"儿子，你明明知道他这样是不正确的，你为什么还要模仿别人错误的做事方式呢？不管是第一次还是第几次，不正确的就是不正确的。"我语气变得委婉，"赶快告诉老师吧。"

儿子老师正在和儿子聊天："厉害了，课代表！"

"老师，你怎么知道？"

"你不是英语课代表？"

"老师，我是物理课代表。"儿子回答道。

"咦，那怎么QQ上显示的是他的名字，看不出你们俩关系那么好，名字都是互用。"儿子老师幽默地说着。

我真佩服儿子老师的智慧，如此巧妙地把一个尴尬化解了。

儿子开始眉开眼笑："老师，我知道了，我不会这样了，我以后会直接用自己的名字。"

一场愉快的聊天继续进行。

事后，我及时和儿子复盘："儿子，这件事你觉得自己收获了什么？"

"以后不要欺骗别人。"儿子不好意思起来。

"儿子，别人做得不好的，我们千万要引以为戒，知错能改，善莫大焉。"

此时我也如释重负，在关键的时刻，我庆幸自己及时制止了儿子破坏老师对他的信任。人，有时候有了第一次犯错就会有第二次，而最好的办法就是，在第一次犯错的时候，及时制止，避免孩子犯第二次错误。

二、父母犯错——真诚地向孩子道歉

晚上和儿子一起出去，回家的路上，我突然想去理发店洗头。

我说："儿子，妈妈想去洗个头，你待会自己回去。"

儿子有些不情愿："妈妈，你把我送回去，再去洗头，好吗？"

我看看手机，时间已经是8点半了，显得有些为难："儿子，要是我把你送回家了，理发店可能就关门了，要不，你自己回去吧！"儿子还是不愿意。

"要不，这样，我们先去给理发店说一声，让他等我一下，然后妈妈送你回去，再来洗头。"儿子满心欢喜。

到理发店，儿子不愿意进去。正好店里没有人，我问："可以洗头吗？"

店员热情招待："这个时候当然可以。"边说边把我拉到洗头的地方。

我回头看儿子，儿子已经自己回家了。

等我洗完头，回家，敲门。

"儿子，开门。"里面没有回复。

"儿子，开门。"里面传来声音："先复盘，反思一下今天你错在哪里。"

我有些哭笑不得。

"儿子，妈妈今天不该食言，当时因为他们要关门了，所以妈妈就洗头了。"

"欺骗我。"儿子半开玩笑地说，"欺骗我幼小的心灵。"

"好，妈妈马上复盘。首先回顾过程，我们在路上时，妈妈答应了你，送你回家，但是到了理发店的时候，那儿快关门了。"

"明明是自己进去就不想出来了。"儿子故意戳穿我的谎言。我变得不好意思起来。

"好，我分析原因，这件事确实是妈妈的错，当时时间不够，自己又有些惰性，觉得儿子可以自己回家，所以就没有送你。我应该说到做到，不管什么原因，都应该言行一致。下次再遇到这样的事情，我会先送儿子回家，再去洗头。"儿子这才喜笑颜开起来。

虽然这件事情儿子没有往心里去，但是在我的心里敲响了警钟：不管孩子多大，都不要轻易食言，会让孩子觉得自己得不到重视，造成孩子对父母信任感的丢失，长此以往，会让孩子对每件事都呈现一种怀疑的心态。

同时，父母对孩子食言，孩子会从内心深处感到温暖缺失，最后变得敏感不安，脆弱多疑。

想着这些，我给儿子道歉："儿子，这次是妈妈错了，我不该对你食言，没有说到做到，我向你道歉。"

三、犯错惩罚——人人平等，互相监督

儿子和我都容易冲动，喜欢发脾气。准确地说，是我喜欢生气，没想到，无形中，儿子做事情也很急躁，喜欢发脾气。

今天做作业时，儿子就不停地喊："妈妈，过来。"正在洗衣服的我生气地说："你没有看到妈妈在洗衣服吗？"然后，母子俩针尖对麦芒，你不让我，我不让你，互相生气着。冷静下来后，我发现这样下去可不行，要是我们都不懂得控制情绪，遇到事情就急躁、生气，后果将不堪设想。

于是，我和儿子共同约定：为了帮助我们母子俩控制情绪，我们以一块钱为基准，谁要是发脾气，谁就被扣一块钱给对方。

定好了规则，那就要互相监督、共同落实。

这不，儿子在阅读，脚却肆无忌惮地放在了板凳上。我走上前，轻轻地说："儿子，把脚放下去！"儿子充耳不闻，我继续轻轻地说："儿子，这样不

雅观！"儿子仍然"我型我秀"。顿时，我的火腾地冒上来，声嘶力竭地吼："儿子，把脚放下去！"此时，儿子不但不生气，反倒哈哈大笑："哈哈哈，妈妈发脾气了，扣一块钱！"为了约定真正能落实，我爽快地说："好好好，扣钱！"

有了这样的"示范"后，儿子不敢轻举妄动了。

不一会儿，儿子放松了警惕，又开始大喊大叫："妈妈，过来，给我讲题，我不懂！"

我温和地说："儿子，我在洗衣服，先学会自己看！"儿子和平日一样，开始不依不饶，大声吼叫："我不会做！我看了的，还是不会做！"

"哈哈哈，扣钱扣钱！"这次轮到我眉开眼笑了，终于抓住了儿子犯错被罚的机会，儿子大呼上当，变得更加自控。

在犯错需要惩罚时，我们要和孩子共同商量，一起制订公约，并互相监督。这样，不仅让孩子感受到被尊重，也能更好地帮助孩子自我约束，而且，也提升了父母对自我的要求，并且懂得更理智地教育孩子！实现了双向的成长！

16. 孩子有网瘾怎么办

智能时代，让很多父母非常苦恼的是孩子的网瘾问题。面对这样的问题，我们到底怎么办？

一、定位——思维决定做法

我们在孩子上网、玩游戏的问题上所持的观念决定了自己的做法。

1. 影响孩子 VS 控制孩子

我们无法控制孩子的一举一动，但是，作为家长，我们可以有意识地引导孩子正确看待网络科技，并尽可能地对孩子的手机进行管理——在赋予孩子自主权利的同时，可以引导孩子什么时候不用手机。

2. 悦纳宽容 VS 敌视抗拒

现代社会，我们是无法完全避开电子产品的。与其敌视、抗拒孩子玩游戏，不如真正地理解孩子的兴趣，并且挖掘游戏的正面价值，接纳孩子适当地玩游戏，但是不沉溺于游戏。

3. 换位思考 VS 一意孤行

在孩子玩游戏的问题上，我们要用同理心去理解孩子，只监视而不引导的做法，只会让事情变得越来越糟糕。我们要建立和谐的、良好的亲子关系，让孩子信任我们，并和孩子一起制定玩游戏的规则。当然，前提是我们自己也不能违规。所以，与其一意孤行，不如换位思考。

二、学习——我们也需要跟上时代

虽然，我们都不是狂热的游戏家，但是，我们需要了解一些游戏的知识，才能智慧地引导孩子，才能把我们的决定变成孩子的决定，聪明地介入孩子的游戏，同时孩子又不反感。

比如玩游戏这件事，我们可以从这几个步骤做起：第一步，温和介入。让孩子告诉你，他对这个应用程序了解多少，并让他解释安装的理由，他是被什么吸引，他将如何去玩这个游戏，等等。第二步，深入探究，进一步和孩子一起探究，和孩子一起了解更深入的知识。第三步，和孩子打成一片。接着，我们需要和孩子一起讨论这个游戏的价值，并和孩子打成一片，在讨论中，巧妙地引导孩子。

三、监督——非常时期非常处理

可是，当孩子已经对游戏入迷，形成了网瘾，这就需要家长运用一些策略和手段。

自从孩子数学测试失败后，他痛彻心扉，自己给自己定任务：暂时不玩游戏了。

不过，这可费了一番周折，刚刚开始，还是很难。我们怎么做的呢？

1. 替代法。以前每个周末一回家，第一件事，孩子就是拿手机玩游戏，但是规则说了，没有考好数学前，不准玩游戏。这时候，我们需要给孩子代替的娱乐方式，比如看电视、到小区锻炼等，总之，只要想玩游戏的时候，马上给他换其他的娱乐方式。这样，慢慢地，游戏的诱惑就削弱了。

2. 比较法。孩子坚持了一周不玩游戏，我们引导孩子："你看，不玩游戏也能过完充实的一周，所以，任何事情都可以克制的。再看看，玩游戏与不玩游戏有什么差别。不玩游戏，我们的心志不被游戏控制，这样被外物控制不是好事情。不玩游戏，我们的人生可以自己给自己做主。"

3. 体验成就法。每周都控制自己不玩手机，儿子就会有一种成就感，"妈妈，我已经一个月没有玩游戏了。"

"妈妈，我已经八周没有玩游戏了。"

"我已经十二周没有玩游戏了。"

"妈妈，那天上课，老师说现在的小孩都是游戏的奴隶，说我们被游戏控制。我骄傲地说'我已经八周没有玩游戏了'。"我顺势引导："是啊，我儿子意志力就是强，所以有自控力的孩子才是能真正掌控自己人生的人。"

4. 奖励法。这个奖励我们不能太早，我和儿子约定："儿子，如果能控制到假期不玩游戏，妈妈给你颁发个'诺贝尔不玩游戏奖'。"

"奖品是什么？"儿子满心欢喜。

"奖品0.5元，算了增加100倍，50块。"我心里阵阵发笑，故意这样逗着儿子。

儿子故意白了我一眼。

"儿子，你的目的是控制住不玩游戏，又不是为了钱，我儿子那么优秀的人，怎么可能为奖品而活呢。"

"也是呢。"儿子喜笑颜开起来。

一场不玩游戏的自控力培养持续地进行着。

所以，要解决孩子的网瘾问题，需要父母首先改变观念，和孩子制定好规则，并且需要用多种用心的方法，给孩子更高的追求和目标，提升孩子的自控力。

第四章

叛逆期挫折教育：

帮孩子跨过敏感脆弱期

17. 孩子遭受挫折时怎么办

一、为什么要培养耐挫力？

1. 耐挫力培养是家庭教育的必然

2022 年 1 月 1 日《中华人民共和国家庭教育促进法》的正式施行，把家事上升到国事，引导家长在教育孩子的过程中，更多地关注孩子的品德等方面。由此可见，国家对家庭教育的重视。

然而，在家庭教育中，孩子的耐挫力培养，却被家长忽略了。有的家长因过于重视成功教育，忽略了挫折教育，以至于孩子在挫折面前不堪一击；有的家长因为溺爱孩子，以至于孩子走出温室，无法适应变化多端的复杂环境，在挫折面前不堪一击；有的父母怀有不正确的挫折教育观，把惩罚当挫折，把严苛当挫折，以至于孩子畏惧挫折、逃避挫折，缺乏耐挫力。

2. 耐挫力培养是人生成长的必需

人的一生，不可能一帆风顺，挫折是一个人成长的必经之路。关键是我们在面临挫折的时候，如何面对，如何选择。经历了挫折，不代表就一定能够成长。有的人耐挫力强，把挫折转化成人生奋斗的动力；有的人耐挫力弱，挫折后却变得一蹶不振；有的人碰壁不少，成长却缓慢，所以，耐挫力强弱决定了一个人成长的快慢。

同时，耐挫力是可以培养提升的能力。每个人都需要刻意练习来学习如何应对逆境，提升耐挫力。尤其是孩子，如果他学会了在困难和挑战面前积极地思考和行动，并从挫折中习得经验和教训，那么，未来的他在遇到苦难时，就能寻找到生活的价值和意义，从而面对挫折不会显得仓促和战栗。

二、什么是耐挫力？

什么是耐挫力？百科上的解释是：指个体遭遇挫折时，能积极自主地摆脱困境并使心理和行为免于失常的能力。真正的耐挫力并不是指单次能够抗住多大的压力，而是在遇到压力后，需要多快能恢复和缓解的能力。

挫折是把双刃剑，既能给人带来损失和痛苦，也能磨炼人的性格和意志；既能挖掘人的创造能力和智慧，使人对面临的问题能有更清醒、更深刻的认识，也有可能会让人消极悲观，自暴自弃，甚至失去动力。走向哪种结局，关键就看耐挫力。

三、怎么培养耐挫力

（一）呵护内心安全感——承诺安定法

安全感，是孩子在面临挫折时勇气的来源。父母用爱和细心呵护孩子，让孩子感受到被爱和值得被爱，他们的内心就会有强大的自尊和自信。一个有安全感的孩子，不会因为偶发的变故而焦虑，也不会因为别人的质疑而怨恨，更不会因为挫折而崩溃，他们有着强大的内心来直面挫折。

那么，当孩子没有安全感的时候，我们怎么办？很简单，给一个承诺，让孩子感受到安全。比如，孩子生病期间，我们让孩子感受到父母给予的呵护，告诉他："爸爸妈妈会一直和你在一起的"。

（二）建立自主担当意识——分清责任法

家长要善于给孩子自己做主的机会，给孩子自己解决问题的权力，给孩子体验挫折的机会。这需要家长和孩子共同商量，并且把责任分清楚，哪些是孩子可以独立完成的，哪些是需要大人提供帮助的，这样也可以避免孩子因困难过大、压力过大而形成负面体验。

对象	在家哪些事可以处理		在学校哪些事可以独立处理		人际领域可以独立处理		其他领域可以独立处理	
	独立处理	需要帮助	独立处理	需要帮助	独立处理	需要帮助	独立处理	需要帮助
父母								
孩子								
共同商量								

（三）坦然看待挫折——心态调整法

当孩子面临挫折的时候，由于孩子的阅历、眼界、知识、心理承受力等有限，他们可能会不知所措。这就需要父母教孩子做好心态调整。如何调整？第一步，冷静面对。面对偶发的挫折，需要选择冷静，而不是慌张。第二步，改变认知。告诉自己，挫折就是人生的常态，甚至是周期性的可预料的事情，既然无法改变，接受不接受，问题都放在那儿，不如高高兴兴坦然面对。第三步，避免消极。不要过度思考这件事带来的坏结果。第四步，逆向思维。把挫折和问题当作提升自己的机会，当挫折来临，正是发现自己欠缺什么的关键时候，是考验自己的关键时候，从而懂得把坏事变成好事。

（四）重建乐观心态——3P 幸运法

乐观是一种积极的状态，能给人带来更多正面结果。一般说来，乐观的人更容易渡过难关。心理学家研究发现，乐观分为天性乐观和习得性乐观。而有效的乐观主义是指人们具备认清残酷事实的能力并有处理它们的能力。

我们可以用 3P 幸运法习得乐观：首先，视角（perspective），改变看问题的角度和眼光。任何事情都有积极的一面，从逆境中看到积极的力量。然后，练习（practice），相信任何事情，越努力越幸运，不断地刻意练习，终将会有所改变。最后，坚持（persistence），把一件事情坚持做下去，不气馁、不放弃。相信坚持做到这三步，就会成为一个乐观的人。

（五）管理内心活动——颠覆定势思维法

改变孩子面对挫折的态度，培养耐挫力，需要教会孩子管理自己的内心世界。一个人面对挫折时产生痛苦的真正原因是形成了定势思维，因此，我们要教会孩子管理自己的内心活动，遇到挫折时要颠覆以前的定势思维。第一步，停下。当自己有负面想法的时候，让孩子告诫自己立刻停下。第二步，反思。反思问题的根本所在，反思出问题的原因。第三步，改善。有了反思，接着思考改进解决的方法。如果颠覆定势思维法，管理好了内心的活动，就能培养耐挫力。

（六）科学调节情绪——管理"触发器"法

不管是成人还是孩子，都可能经历积极情绪和消极情绪。具备情绪调节能力的孩子，能更好地应对生活中的逆境和创伤，从而增强耐挫力。

当遇到触发孩子激烈情绪的事情时，我们要学会帮助孩子管理触发自己情绪的点。怎么做？第一步，引导孩子倾诉。当孩子愿意倾诉的时候，他的情绪就会得到合理的宣泄。第二步，引导孩子描述感受。当我们引导孩子描述感受的时候，也就是有意识地让孩子关注自己的需求。第三步，引导孩子找到触发点。当孩子知道是什么触发了自己的情绪，就更容易避免出现下一次。第四步，做出预测和准备。接下来，引导孩子思考下一次遇到触发点后如何应对。第五步，分析改变概率。教孩子分析能够改变的情况和不能改变的情况，这样把分析问题科学化。第六步，执行具体行动。具体分析后，我们可以执行能够改变的情况。如此，慢慢就教会孩子科学调节自己的情绪，从而提高耐挫力。

（七）注重健康养护——规律生活法

有时候，我们具备了积极的思维方式，但身体处于不佳状态，这时便缺乏应对挫折必需的能量。培养耐挫力，还需要注重孩子的身体健康。人生总有大风大浪，只有身体健康，才可能真正乘风破浪。所以，规律生活很重要，需要做到均衡饮食、睡眠充足、坚持运动。

饮食、睡眠、运动都可能改变大脑健康和心理功能。所以，首先注意饮食营养。注意营养的均衡，比如 Omega-3 脂肪酸有助于抗抑郁和情绪障碍等。保证优质蛋白质的摄入，保证肠道的健康，补充好维生素、矿物质和微量元素，提升身体免疫力。

同时，注意充足睡眠。睡眠不足会影响情绪和控制力、影响注意力和记忆力、影响身体健康和大脑发育，所以保持充足的睡眠也有利于耐挫力的培养。

最后，坚持运动很重要。运动可以缓解压力、抗击抑郁、促进大脑发育，磨炼意志力的同时也培养耐挫力。

（八）引导解决问题思路——STEP 法

引导孩子寻找正确解决问题的思路，是提升耐挫力的关键。为什么这样讲？因为孩子在面对问题的时候，一旦想不出具体的对策和方法，就会茫然失措而无法正确行动。用 STEP 法可以教会孩子正确地有步骤地解决问题。

S：说出问题。引导孩子把问题清晰地描绘出来，当孩子遇到问题，我们不要急于评价，而是让孩子回顾具体的过程，把过程能够如实地描绘出来。

T：想出方法。对待具体的问题的时候，不要抱怨忧虑，而是把焦点聚焦在想办法上面。比如，我们可以问孩子："现在你想想，这件事有什么办法解决？"

E：讨论结果。和孩子一起讨论每种具体方法可能面临的后果。这样，孩子会懂得思考每一个行为的后果。

P：选择方法。让孩子自己选择方法，并付诸行动。

挫折教育的最终目的是让孩子们在遇到困难时正确面对并妥善解决。培养耐挫力，是在为孩子的未来保驾护航！

18. 孩子遭遇问题时怎么办

人的一生不可能一帆风顺，总会遇到这样那样的困难，而孩子对世界的认识毕竟有限，尤其是叛逆期的孩子，会更加不理性地处理。当孩子面对各种困难时，父母要着重培养孩子解决问题的能力。

一、生病时——给孩子战胜病魔的勇气

儿子生病了，自己主动去买了抗病毒冲剂和消炎药，平日不到万不得已，他是不愿意吃药的，看来真的有些严重了。

儿子向来坚强，不到万不得已是不会轻易说倒下的，从上学到现在，从来没有请过病假。哪怕上次因为在班上当球童，脚被踢了，一只脚趾都化脓化得不成样子，儿子都没有哼一声，这孩子遇到困难，善于隐忍。

晚上，我在做事，儿子走过来："妈妈，陪我吧。"我知道孩子身体不舒服，很希望妈妈能陪在身边。

我默默地给儿子打了洗脚水，孩子自己洗着脚，我在旁边一边削苹果一边说："儿子，不怕，这点病算什么，根本不是个事儿，我儿子向来坚强，明天

一大早就会好的。"儿子默默听着，不说话。

身体生病了，但是精神不能倒。孩子生病的时候，家长要做好孩子的精神支柱，一句关心的话，一个鼓励的眼神，一个默默的行动，都可以给孩子无形的力量，并化作克服困难的勇气。

二、痛苦时——给孩子超越自我的勇气

儿子动了包皮手术，不敢站着上厕所，这让我大为苦恼。你越是鼓励他，他越是脆弱。后来，我干脆狠下心，不搭理他，让他自己来处理。嘿，没想到，孩子一下就战胜了自己，成功了！

实际上，每一个人身上都有很强的潜力，能不能充分地挖掘自己的潜能，就看自己能不能再往前走一步。我们做父母的就是需要推一把，让孩子学会直面痛苦，并懂得超越！

这让我想起了鲤鱼跳龙门的故事——一般情况下，只要鱼能跳过龙门，就由普普通通的鱼变成超凡脱俗的龙。可是，龙门太高，鲤鱼一个个累得筋疲力尽，摔得鼻青脸肿，最后还是没有跳过龙门。于是大家相约去请求龙王，降低要求，并跪了九九八十一天后，龙王终于被感动了，答应了降低门槛，最后，鲤鱼们一个个兴高采烈地跳过了龙门，轻轻松松地变成了龙。

可是，不久，大家又发现，个个都变成了龙和大家都不是龙好像没什么两样。于是，他们又一起找到了龙王，说出了自己的困惑。龙王道出了一个亘古不变的真谛："真正的龙门是不能降低的，要想找到真正龙的感觉，还是去跳没有降低高度的龙门吧！"

触手可及的东西谈不上超越，超越就是不降低任何标准，挑战极限。一个个挑战的门槛，就是检验勇者和凡夫的试金石。这对于培养孩子的意志力尤为重要！挑战了，也就改变了，超越了，也就蜕变了。相信一场惊心动魄的逆袭远比毫无悬念的胜利精彩得多，也诱人得多！

三、偶发事件——给孩子创造解决问题的机会

晚上，用电脑的时候，我突然发现鼠标动得很厉害。

那我等等吧，说不定一会儿它就"停止捣乱了"。

在学校也发生过类似的问题，班上的孩子们也好奇过，但是，最后还是没有发现原因。

我左看右看，上看下看，还是没有发现问题所在。可是，今天鼠标好像异常兴奋，居然等待了半个小时还在"兴奋地跳着舞蹈"，一点没有休息的意思。怎么办？我搔着头，六神无主。旁边的儿子正在背书。我一拍脑门，在父母遇到困难的时候，正是培养孩子解决问题能力的大好时光啊！

于是，我走上前，看着儿子，很是焦急地说："儿子，妈妈一不留神，把重要的文档给删除了。你能帮帮我吗？妈妈需要你！妈妈实在没有办法了！"在孩子面前示弱，对叛逆期的孩子显得尤为重要，父母需要孩子，能让孩子产生强烈的存在感、价值感！

果然，儿子立刻放下手里的事情，来了兴致。他左看右看，一会儿，又开始上网搜视频，对着视频，儿子一边学习，一边操作。

"儿子，如果能帮妈妈恢复文字就好了！"

儿子更是小心，一边看视频，一边思考："妈妈，我觉得可以把文章最小化。"

他继续试探，继续找问题。突然，孩子一拍脑门："妈妈！"孩子兴奋地叫起来，"我知道了，是这个键在作怪！"

原来，我的电脑上有一个移动鼠标的接收器，却一直被我忽略了。天，困扰了我这么久的问题，居然被儿子五分钟内解决了。

"儿子你真行啊！妈妈一直都没有想到办法，被你一下子给解决了。"我不断地夸赞着儿子。在孩子凭着自己的努力解决了困难之后，一定不要吝啬对孩子的赞扬，这样，能增加孩子解决问题的自信心。

"妈妈，发个朋友圈啊，表扬一下你这聪明的儿子！"儿子故意扮着鬼脸说。

"好，妈妈发朋友圈！你刚才是怎么发现问题的？"我问儿子。在孩子成功解决问题之后，还要教会孩子总结成功的方法，从而迁移到以后遇到的困难中。

"妈妈，我是这样做的：第一步，观察，看这个鼠标动得厉害的来源。第二步，查找资料，在网上寻求帮助。第三步，思考，这个鼠标怎么会突然动了，一个电脑只有一个鼠标，可是我发现上面有两个光标，所以就思考另一个光标是怎么出现的。"

我为孩子有解决问题的能力暗暗赞叹！既而，我陷入沉思：每个孩子都有自己解决问题的方式，而我们作为大人总是喜欢越俎代庖，正是我们的不放心，破坏了孩子自己思考问题的能力。所以，要给孩子独立解决问题的机会，给孩子犯错和试错的机会，比失败更重要的是教训、是经验。这，就是成长的财富。

19. 孩子遭遇逆境时怎么办

人生的道路，不敢说一帆风顺，总会遭遇风霜雨雪，甚至是巨大的创伤。父母有责任引导孩子平静地接受并坦然地面对，让孩子在煎熬中学会历练，在创伤中学会自我疗愈。

一、面对煎熬——当作历练

最近，孩子因为升学考试备受煎熬。知道了最后分数和录取情况后，一切，才算尘埃落定。

可是，走过的这一路，我不能让孩子白走，我需要告诉他：人生必经的两个字——煎熬！

煎熬，不可逃避。也许过去有着遗憾，未来有着忧虑，现在正经历困惑。这些，都是生而为人必须要面对的。任何事物发展都需要经历煎熬，这是能量守恒定律，有多大的煎熬，就有多大的成就。

煎熬时，必须学会忍耐。人就是这样，越是绝望，越是要看到希望。希望，就像黑夜中的一盏明灯，给了我们坚持下去的理由。"没有在深夜痛哭过的人生，谈不上人生。"所以，我们必须学会撑下去。什么是撑，什么是熬，那是在万籁俱寂的时候，在走投无路的时候，在无助无奈的时候，眼泪快要夺眶而出，还得把眼泪逼回去，这就是撑，这就是熬，这就是忍耐、挺住的内涵！

煎熬，要习惯面对。煎熬就是一种常态。所有的迷茫，所有的怅惘，不过是自己没有想明白，没有看清楚，说明自己的思维不够完善。不管是因为煎熬而惶惶不可终日，还是因为煎熬而胆战心惊，一切，都是生活中的磨炼，人生中的磨砺。当你习惯面对了，不再纠结了，能闲看花开花落，坐看云卷云舒，一切不过是风云变幻，不过是人生的一段旅途，说明你成长了、平静了、沉稳了。

煎熬，需要乐观面对。既然无法逃避煎熬，就只能享受煎熬。因为经历过煎熬，咀嚼过煎熬，量变到质变后，让人变得淡定，变得从容，变得坦荡，变得大气，变得智慧。因为所有的磨砺，都会转化成营养，滋养你未来成长的道路。

煎熬，是双刃剑。能否承受煎熬，取决于一个人的格局和理想。如果你有理想，面对煎熬，只是磨砺，你会越来越柳暗花明；如果你没有目标，面对煎熬，只会一直痛苦迷茫，甚至灰暗下去。

说完，我继续告诉儿子：作为男子汉，妈妈期待你具备四种品质：一是毅力。别人坚持不了的事情，你能坚持。二是勇敢。为自己的理想有奋不顾身的勇气。三是宽容。学会自己消化委屈，不纠结，不痛苦。四是智慧。不随波逐流，能看到别人看不到的层面，更能看到事物的本质。这样，你的人生才会更通透、更幸福！

最后，我问儿子："你听懂了吗？"儿子点点头："妈妈，我知道了。"

二、面对伤口——锤炼灵魂

最近和孩子聊天，孩子告诉我："妈妈，小时候，有个朋友嘲笑我的身高。从此，身高成了我最自卑的软肋，我现在都还记得。"我猛地一颤，看着眼前已经远远高过我的儿子，身高原来一直是他心中的痛处，而这一处创伤居然是别人的一句很不经意的话语造成的。俗话说，时间是抚平伤口的良药，真的是这样吗？为了帮助孩子，我和孩子聊起了面对伤口的态度。

面对伤口，谁都会疼痛。毕淑敏曾说："当我们患病的时候，精神是一片深秋的旷野，无论多么轻微的寒风，都会引起萧萧黄叶的凋零。"随着时间的流逝，真的能整旧如新，完整光滑吗？也许伤口表面愈合，而伤口处却留下了或深或浅的永久的疤痕。世界上有一种体质，叫疤痕体质，而这种体质也是因人而异。所以，不是时间在抚平伤口，而是因人而异，并且最后能抚平伤口的，不是时间，而是我们自己！那么，伤口是如何抚平的呢？

首先，学会放下。所有的伤口无法愈合，都是因为无法放下，无法原谅。而真正地和自己较真的时候，伤害的往往是自己。所以，别和自己过不去，学会宽容，学会大度，学会换个角度思考问题。这样，放下疼痛，就是放过我们自己。

然后，学会自我疗愈。很多时候，不是时间让我们学会了忘记，而是自己学会了自我疗愈。一个执着于往事的人，会走得很慢很慢，甚至走得很累很累。真正有智慧的人是懂得在伤痛的时候，学会自我成长。如果学会自我疗愈，学会用乐观面对一切，学会用坦然面对仓促，用淡定战胜一切，当一切仓促来临的时候，你就会自己告诉自己：那都不是事。海明威说："生活总是让我们遍体鳞伤，但到后来，那些受伤的地方一定会变成我们最强壮的地方。"所以，在伤痛的时候去取经学道，去反思总结。这样，没有什么伤痛会成为心中的软肋。

当然，最重要的，学会升华伤痛。人生没有永久的痛苦，当你真正懂得去拥抱受伤的自己，懂得升华自己的伤痛，能找到替代伤口疼痛的焦点，取代、转移、升华时，那些生命中不可避免的伤痛，不仅不会让你疼痛难受，还会在你的生命里开出一朵花，这朵花浸透了泪泉，洒遍了血雨，最后却光艳了你的生命，锤炼了你的灵魂！

所以，抚平伤口的不是时间，而是我们自己！

俞敏洪先生说:"父母向孩子传递逆商,是比上大学更重要的事情。"所以,把孩子成长中的"绊脚石"变成一块块"垫脚石",教会孩子在逆境中逐步提升"逆商能力",那么所有的煎熬,所有的创伤都会变成"铺路石",让孩子的未来走得更加顺畅!

20. 孩子遭遇否定时怎么办

武志红老师说过一句话："孩子怕的其实不是失败，而是被人否定。"当孩子遭遇否定的时候，父母的引导非常重要。

一、起因——遇到挫败

儿子素来喜欢画画，他一直为自己有一技之长而高兴。

可是，这次美术考试却狠狠地给了他一记耳光，深深地挫伤了他的自信心。

晚上，儿子回来时有些垂头丧气，一问，儿子气呼呼地说："妈妈，我觉得不公平。老师给我的美术作品评了'C'。儿子声音里带着哭腔。

儿子显得有些激动，此时，父母要做的是抚慰孩子的情绪，而不是给他讲道理。

"怎么啦，看得出我儿子有些伤心，说来给妈妈听听。"我轻轻问儿子。

原来是老师要求学生课堂创作，画绘本，儿子画的主题是"奥特曼打小怪兽"，可是，自己辛辛苦苦的设计成果被老师否定了。

二、了解——清晰细节

当孩子被否定了,他的内心肯定不好受,父母要做的,是详细地了解过程,并清楚来龙去脉,才能对孩子有的放矢地引导。

我问儿子:"你是怎么设计的?"

儿子说:"我设计了三个奥特曼,我是根据我的想象来设计的。一个长着翅膀的奥特曼在天上飞;一个是站着的肌肉男奥特曼;一个是坐着的奥特曼,跷着二郎腿。我觉得绘本是给儿童看的,所以就把奥特曼设计成了搞笑版,而且还给他们每一个画了一撮小胡子,有的还设计了一颗痣呢!"

"嗯,然后呢?"

"三个小怪兽。三个不同的小怪兽,一个是菊花小怪兽,一个是章鱼版的小怪兽,一个是哥斯拉怪兽。"儿子继续说着自己的作品。

"既然是绘本,是需要故事情节的,你的故事是什么?"我继续问。

"就是奥特曼打小怪兽。"

"那怎么能体现出来呢?"我追问。

"哥斯拉可是前三强的怪兽之一,但是如此强的怪兽,三个奥特曼根本不需要出手,真正的高手是用眼神作战。你看,跷着二郎腿的奥特曼气定神闲中就把小怪兽给秒杀了。"

"那你们老师怎么给你评了'C'呢?"

"我用的是画速写的方式,几笔就勾勒出来了,而且不是彩色版,用的素描中的黑白灰,所以,老师觉得有些不认真。"我默不作声,继续听儿子说。

"还有,可能影响了纪律。我刚画完,同桌发现了我的作品,就惊讶地抢过去,在教室里高举着,想让全班同学看,然后全班同学都被逗得哈哈大笑。"我不禁哑然失笑,第一,能够惹得全班同学笑,说明儿子的画切中了每个孩子内心的需求,孩子的天性就是好玩。第二,说明儿子想到了别人没有想到的东西,这就是创新。

"还有，美术老师是个女老师，他可能不了解奥特曼，我画的可不是一般的奥特曼，全部是变了形的奥特曼，我们男同学知道奥特曼，一看就懂了。"

儿子的思维是没有错的，他有创新思维，我应该保护，可是最后被老师否定了，当老师的教育理念和儿子的内心形成冲突的时候，我这个当妈的应该怎么办？

三、肯定——看见亮点

此时儿子的内心很郁闷，我应该怎么和儿子交流呢？首先要做到既不否定老师，同时也要保护儿子的创造力，且能让儿子解开这个心结。

晚上，趁着和儿子看电视的时候，我和儿子聊起了这个话题。我首先肯定了他的创造力。

肯定孩子，才能真正安慰孩子。他会觉得妈妈和他是一体的，孩子才会更有安全感。

我说："从这幅画看得出我们家儿子有独特的创新思维。这一点，真的很不错，能及时抓住灵感，并把灵感变成自己的行动，我真心为我的儿子点赞。"儿子的眼睛开始发亮。

"昨天我把你的绘本设计告诉我的同事们，你猜我的同事们怎么评价的，他们说，要是他们来评等级，会评'A+'呢！"儿子的脸上开始洋溢起了笑容。

"所以，你的创新思维要一直保持下去。"

给孩子鼓励，就是给孩子安慰，我们要看见孩子的亮点，保护孩子的优势，保护孩子的自信心，这是在孩子被否定时，家长最应该做的。

四、深入——总结教训

只是肯定亮点远远不够，我们需要深入地、抽丝剥茧地为孩子分析失败的原因，并总结出来，用以指导孩子的未来。

接着，我开始慎重地和孩子分析失败的原因。

我告诉儿子，任何事物都要讲究规则。

我说："儿子，你看，既然这是一个考试，我们就要按照考试的规则和标准去完成。"我顿了顿，"你看，绘本的基本要求是什么？"

"要有故事情节。"儿子说。

"你有吗？"我问儿子。

"有。"儿子回答。

"是每一幅图都要有，你呢？"我继续追问。

"我的每一幅图是单独的，并不是连贯的。"儿子开始有些不好意思起来。

"对了，问题就出在这儿。我们需要在遵守规则的基础上进行创新，而你是天马行空地进行创新，这样不叫创新，叫胡思乱想，知道吗？"儿子听得若有所思。

我继续说："儿子，你那天的绘画是在考试呢。考试就要按照考试的规则去做，不是想当然地去做。"儿子听后，没有作声。

"但是，你平时消遣的时候，可以凭自己的感觉，怎么想，怎么画都可以的。"儿子接受了我这样的观点。

最后，我要教儿子树立好心态，不让他在这个问题上一直纠结。

我讲了一个故事："从前有一个画家画了一幅人见人爱的作品。画好后，他决定拿到市场上检验。于是，他把画挂在市场，并在画的旁边放上一支笔，写明'请在你认为不完美的地方做个标记'。一天后，画家取回了画。天呀，画上到处都是标记。画家失望极了，原来自己的画就这个水平呀！但画家转念一想，不至于呀。自己好歹也是个专业画家，不会差到这个程度。于是，画家决定再换另一种方法试试。第二天，画家又描摹了同一幅画，然后挂在市场，并写明'请在你认为最满意的地方做个标记'。晚上，画家取回了画。看完画，画家笑了。原来，画上也涂满了标记，在原来不满意的地方，也被人做了最满意的标记。"

讲完这个故事，我说："遇到这样的情况，老师只是评价者中的一个人，我们要做的是换个角度思考问题，因为经历了这件事，你才有机会去思考考试，去思考规则，去思考正规和娱乐的区别，这是不是比一个等级'C'更大的收获呢！"

此时，儿子已经不再郁闷，咧着嘴笑了。

当孩子遭遇否定的时候，我们千万不要直接否定孩子，而是让孩子明白，父母永远是他的依靠。同时，还要教会孩子正确地归因，用被否定的原因来激励孩子以后的学习和生活。这样，孩子才能正确地评价自己。

21. 孩子心理脆弱时怎么办

最近，有个焦虑的家长向我求助："我家孩子说自己压力太大了，都不想活了。我担心死了，怎么办啊！"顿时，我心里一惊，不管什么时候，我都觉得孩子的生命是第一位的，哪怕孩子没有变成我们期待的样子。面对孩子脆弱时，我们如何教会孩子内心变强大呢？

一、帮助孩子分析——所有的不强大，都是不敢面对自我

我们要帮助孩子分析自我，学会面对自我。为什么我们遇到事情就会悲观，是因为我们总是向外求，不敢面对真实的自我。而行动上又与目标跟不上，导致自己过分看重结果，当结果即将来临的时候，自己的内心就会恐慌，最后，就用消极的方式来对待。消极的方式有很多，比如，别人否定时，就会情绪激动；别人批评时，就会为自己找借口；结果不是自己期待的，就会自我否定，颓废不堪。其实，这都是不敢面对真实的自我的表现。

二、帮助孩子诊断——我是面对，还是逃避

我们可以给孩子出几个选择题：

1. 当别人评价我不好时，（   ）

A. 逃避：我很难过。

B. 面对：我理智看待，这些缺点是不是我存在的。

2. 当身边和自己水平差不多的人比自己好时，（   ）

A. 逃避：心里不舒服，嫉妒。

B. 面对：我和他相比，我的优势是什么，我需要提升什么。

3. 遇到很重要紧急的事情时，（   ）

A. 逃避：我做失败了怎么办，下不了决心开始。

B. 面对：我做得不一定完美，但是我会尽力去做，立即行动。

4. 遇到人际关系矛盾时，（   ）

A. 逃避：选择自己难过，而不是主动解决。

B. 面对：越是害怕，越要面对，主动沟通。

5. 一件事下决心去做时，（   ）

A. 逃避：想了一千遍，还是没有行动，成为说话的巨人，行动的矮子。

B. 面对：不管结果，立即行动。

三、帮助孩子重塑——与其怨，不如变

教会孩子几个观点，改变认知，才能改变行动。

1. 不管好坏，接纳自我

不管自己是什么样的人，都要真实地接纳自己。只有接纳了自己，才能真正地冷静下来；才能处事不惊，遇事不慌，遇变不乱。有这样一个故事，一头狮子始终觉得自己不如羚羊，所以他一直很痛苦。他看到羚羊吃草，自己也盲

目地吃草。可是，却把自己越养越瘦。狮子妈妈一句话唤醒了他："孩子，每个人都有缺陷，我们要敢于接受自己。"狮子之所以成为霸主，不是没有缺点，而是它能够将自己的优势发挥到最佳。所以敢于接纳自己，把自己的优势发挥到最佳，就是最好的自我接纳。

2. 所有的事情，都是为自己做

为什么人会情绪不稳定，为什么会烦恼，是因为总觉得做什么都是外在要求。我们要引导孩子，老师给我提要求，我改好了，是帮助自己；今天做作业，做得认真，是为自己前途而做；今天遇到一个困难，克服了，是让自己成长了。

3. 创造沉浸式的行动

遇到任何事，只要自己内心有目标，有自己的方向，不管结果如何，都去行动，并且沉浸其中。专注自我，就会忘掉一切烦恼。

4. 注重过程，有实力才会有底气

所有的内心不强大，都是自己的实力不够。所以，不断地提升自己的实力，不断地增加自己行动的动力。越是努力，越是幸运。只看过程的脚踏实地，不看结果的不尽如人意。过程做大，结果一定不会差；过程做细，结果多半满意；过程做实，成功不会太迟。所以，有实力才会有底气！

如果我们父母长期这样引导孩子，就会拥有一个内心强大的孩子！

第五章

叛逆期亲子关系：让关系走在教育的前面

22. 亲子之间有代沟怎么办

经营亲子关系，最好的方式就是和孩子聊天。因为亲子之间亲密关系的建立，是聊天聊出来的，尤其要多和叛逆期的孩子聊天。在聊天中，我们和孩子进行了情感的沟通，分享了孩子的快乐，引导了孩子的思想，增进了亲子的感情。

一、聊天——听孩子倾诉的方式

每天晚上固定不变的事情，就是儿子下晚自习后，回来和我们聊天。

儿子喜欢回来分享学校的事情，快乐的、悲伤的、好玩的、困惑的，一股脑都会说出来。我总是摆出一副认真、感兴趣的样子，听儿子唠叨。

孩子愿意在家里诉说自己的喜怒哀乐，说明家庭可以给他安全感，让他能畅所欲言。我们通过孩子的言语表达，才能真正知道孩子的想法和思想动态，继而可以正确地引导他、帮助他、陪伴他。

这不，今天晚上孩子一回家就跟我说："妈妈，我们数学老师可幽默了。

"有个同学注意力不集中，老师说'你怎么不愿意看着我，看着我，我还是有点好看'。"听到这儿,我也配合儿子笑得前俯后仰。

有时候,儿子还要故意检查我是否认真听他说话:"妈妈,我最后一个字说的是什么?"我也故意语塞,装着丈二和尚摸不着头脑。

儿子咧着嘴笑开了花:"哈哈,这一招我是跟我们物理老师学的。"

孩子能回家和父母开心地沟通,这是我们做父母的幸福。和孩子相处的时间很短暂,所以,我们更应该珍惜和孩子聊天的时光!

二、聊天——亲子之间的沟通方式

和儿子聊天,是我和他沟通的方式之一。在聊天中,我们能了解孩子的思想动态、心理状态,这样,也避免了代沟的产生。

儿子上中学了,我们天天都要去接他回家。这样便于我们了解孩子的思想状况,并给予适当的引导。

有一段时间,孩子回家天天抱怨,他的同桌怎么暴力,怎么欺负他。此时,我们需要耐心地疏导:"儿子,你作为男子汉,要有格局,有绅士风度,要学会包容女同学。"

有时候,也有孩子遇到不理解老师的时候。孩子说:"我们老师,因为有同学犯错,就把我们全班留下来教育。太不公平了!"此时,我就会引导他:"你知道吗,老师就是除父母以外对你们最好的人,他担心你们,爱护你们,他也是非常爱你的人啊。"

在和孩子聊天的过程中,我们就能看到孩子的问题,理解孩子的烦恼,明白孩子内心的压力,这样,亲子之间的沟通也越来越顺畅!

三、聊天——增进亲子感情的方式

聊天成了我和儿子之间增进感情的方式。在孩子需要帮助的时候,我们能站在他的身边;在孩子迷茫的时候,我们能给孩子指引;在孩子脆弱的时候,我们能给孩子支持。这样，亲子感情自然会越来越深。

儿子经常和我闲聊。

"今天我们班英语课上，每个人带了一种美食去，妈妈你知道吗，我带的炸鸡很受欢迎，一会儿工夫就被抢完了。"

"今天外教给我们上课了。"

"今天我们老师把豆浆机都背到教室里来了。"

"妈妈，我被同学们选为守门员了。"

我每次都认真听他说话，然后用欣赏的眼神看着他，亲子关系自然越来越融洽。

难怪，儿子说："妈妈，你知道吗，我们政治老师上课的时候说：'现在你们和父母有代沟，不和爸爸妈妈交流。'我很自豪地举手说：'老师，我和爸爸妈妈没有代沟，我什么都告诉我的爸爸妈妈。'"听到这样的话，我心里荡着暖意，更多的是骄傲。孩子到了叛逆期，和父母还能无话不谈，这都是天天聊天的效果啊！

一个能把心里话告诉父母的孩子，亲子关系不管怎么样，都坏不到哪儿去。

和孩子聊天，不仅可以分担孩子的焦虑，分享孩子的快乐，对父母而言，也是一种放松，更是针对孩子的一种了解、沟通、引导。

23. 孩子觉得父母不爱他怎么办

有时候，我们总觉得自己很爱孩子，而孩子却觉得自己感受不到这种爱。据有关调查数据显示，60%的孩子觉得父母不爱他们，或者不确定父母是否爱他们。由此可见，让孩子感受到父母的爱，真的很重要。

一、调动情绪——给孩子制造惊喜

让孩子感受到父母的爱，需要适时地给孩子制造小惊喜。

最近朋友圈有一个收集点赞就能送"小机器人"的活动，我在朋友圈里大声吆喝"请大家为我点个赞，我也想给我的孩子买个机器人"。我一边发信息，一边告诉儿子："儿子，妈妈在给你买机器人，积28个赞，然后花29.9元就可以买个机器人。"

"真的吗？"儿子又惊又喜。

"那是，给我的宝贝儿子一个小礼物。"儿子听着，眼里发光，仿佛憧憬着机器人到来的样子。

中午，机器人到了。我把机器人带回家的时候，儿子笑得合不拢嘴。然后拿着机器人，开始看说明书，认真钻研起来。

一个小小的举动，就能给孩子带来快乐，同时也能让孩子感受到父母的爱。

二、给予温暖——制造和孩子相处的时光

每天晚上，儿子会拉着我，撒娇地说："妈妈，你陪陪我。好不好？"

于是，我立刻放下手里的事情，陪儿子。

睡前，儿子喜欢听故事、听录音。有时候，孩子会趁这个时候，和我聊聊学校的事情。

周末的时候，儿子也会撒娇地说："妈妈，我想你陪我看看电视。"我立刻放下手中的活儿，和儿子一起看看电视，看看他喜欢的综艺节目。看着"王牌对王牌"的"我演你猜"环节，王祖蓝表演时"搔首弄姿"的样子，我们母子俩笑得前俯后仰。

所以，不断地制造和孩子相处的机会，孩子才会慢慢感受到父母对自己的爱。

三、多些公平——实事求是地评价孩子

为了孩子能够感受到父母的爱，我们需要站在孩子的角度设身处地去考虑，给孩子足够的理解。同时，在理解孩子的同时，更需要实事求是。

这段时间，我天天写儿子的成长日记。每天，我会问："儿子，今天我写你什么呢？"我故意眨眨眼睛，"哈哈，今天和妈妈顶嘴了，就写顶嘴的故事。"

儿子有些不好意思，一脸通红："你怎么写的故事都是我不好的方面呢？"

"是吗，有吗？"我一阵纳闷，"你表现好的时候，妈妈就写好的；表现不好，就写不好的啊。"我一本正经地说。

儿子不再说话，自己做作业。"你表现好，就写好的；表现不好，就写不好的"表明父母实事求是，不带任何偏见。一句简单的话给了孩子一个印象：

妈妈是实事求是的，不是带着感情色彩。

四、多些陪伴——给孩子营造家庭氛围

俗话说"陪伴是最好的教育"，多给孩子一些陪伴，营造温馨的家庭氛围，就能让孩子感受到父母的爱。

周末，老公买回来羊肉汤锅，准备在家里做一个自助餐。打开电磁炉，准备好羊肉、羊杂、毛肚、鲜嫩的蔬菜，等着儿子下晚自习。

儿子回家，看着桌子上热气腾腾的汤锅，情不自禁地说："妈妈，我喜欢这样的氛围。我们吃的是氛围。"是啊，一家人坐在炉子旁边，儿子坐中间，爸爸妈妈坐边上，互相夹着菜，谈笑着学校的趣事。他喜欢的是家庭的温馨、父母的陪伴啊。

陪伴孩子，能给他精神动力，让他面对困难和挑战时不孤单、不害怕、不退缩。

五、满足期待——多给孩子安全感

很多时候，孩子对大人是有期待的。我们可以适当地满足孩子的合理期待，让孩子感受到父母的爱。

有一天早上，儿子想找我说什么，却显得有些不好意思，但是最后，还是鼓足勇气说："妈妈，我想你陪我一起去上兴趣班。"我有些不想动，毕竟平时工作太累了，但是看着儿子渴求的眼神，好吧，陪儿子去上课。来到兴趣班，和老师交流着孩子的近况，儿子安静地画着画，仿佛有妈妈在身边，他更加有安全感。

还有一次，儿子要上学，他拉着我，撒娇地说："妈妈，你送我到门口，好吗？"

"这么近，哪用得着妈妈送？"我有些不耐烦。

"妈妈,我想您送,就送到门口。"我拗不过孩子,于是换鞋、开门、下电梯,送他到小区门口,看着儿子蹦蹦跳跳地走出小区。

晚上,放学的儿子打来电话:"妈妈,到小区门口来接我啊。"

"好好好。"我急忙换鞋、换衣,到小区门口等他。儿子看见我,马上咧开嘴高兴地笑了。他拉着我:"走,妈妈陪我买点吃的,我请客。"儿子豪气十足地说。

"好好好。"我喜笑颜开。到了超市,儿子仔细地挑选着,我定睛一看,顿时,我的眼睛湿润了,儿子选的全是我爱吃的东西……

六、以身作则——多给孩子做好示范

很多时候,我们要求孩子做到的,自己先要做到,给孩子做好榜样。"只准州官放火,不许百姓点灯"会让孩子觉得不服气,而以身作则,才能让孩子心服口服,才能感受到父母的爱。

晚上,我在看书。儿子也悄悄走过来,和我一起看书。他默默地坐在旁边,我不需要监督,只需要用榜样的力量感染、带动、引领,他自然知道怎么做。

有时,我在写作,儿子也悄然走过来和我一起做作业。我们俩虽然互不打扰,但互相温暖、彼此支持,我认真做我的事情,儿子专心复习他的功课。

最好的教育就是以身作则,不需要呵斥,也不需要督促,就需要一个和他一起学习的妈妈,以身作则的妈妈,就够了。

让孩子看到父母的爱,需要我们不断地站在孩子的角度思考问题,学会共情。当然,所有的技巧都需要上心、用心、细心。如此,才能够走进孩子的心。

24. 父母不善于赞美孩子怎么办

有的父母喜欢背后悄悄对别人表扬自己的孩子，而吝啬对孩子的当面表扬，美其名曰：怕孩子骄傲。

其实，当面表扬孩子，威力巨大。

一、适时赞美孩子——给孩子喜悦

儿子不怕困难，做事情总能迎难而上，孩子的数学老师说："你们家孩子最大的优点就是把困难看成挑战，所以他敢于挑战难题。"

听了儿子老师的表扬，我马上转述给儿子："儿子，老师说你最不怕困难，并且总是把困难当挑战。"儿子听了喜不自禁，做事情更加积极，后来慢慢就变成习惯了。

我还把他的美术作品发在微信朋友圈，并把大家的评论拿给他看："儿子，你看大家说你越画越好了哟，大家都在关注你呢！"儿子开心地凑过来看评论，之后画画也画得更加起劲。

赞美孩子，孩子内心会抑制不住地喜悦，进而把优点更加发扬光大！

二、赞美时别忘记引导——给孩子动力

赞美孩子很重要，赞美后的引导更加重要。

儿子的理科是强项，外语是弱项。在期中考试中物理考了全班第二名，我就趁热打铁，说："我儿子真能干，经常自己钻研题目，通过勤奋获得了好成绩。我相信，你也可以把英语学得这么好。"儿子笑了，我继续引导："儿子，理科需要钻研题，英语需要多记忆多朗读。"

"我们可以从今天晚上开始，坚持朗读，然后发给英语老师，每天坚持。一定会有所收获。"此时，正是教育孩子的关键时期，我不失时机地和儿子一起制订计划。

最后，儿子铆足劲头，开始行动了。

三、经常强化优点——给孩子信心

一次，我们和孩子的老师交流，孩子的老师反映："你们家孩子自信心有点不足。"我反省着，我和他爸爸是不是对孩子太过苛刻了，以至于孩子对自己的弱点越来越紧张。俗话说，"好孩子是夸出来的"。我们要多强化孩子的优点，增强孩子的自信心。

这不，今天儿子要去买一本书，我给了他100元钱。孩子回家后说："妈妈，买书花了32元8角钱。"他边说边在兜里摸出零钱，"妈妈，给你找回的钱。"接着他又在包里摸，"妈妈，这里还有2角钱。我不能多要妈妈一分钱。"听了这句话，我急忙肯定儿子："我儿子真是诚实。"

晚上，孩子写完作文给我看，我不断地肯定儿子："呀，这个心理描写真不错。""这里的动词用得很准确啊！"

当我不断地强化儿子写作文的优点的时候，儿子已经懂得怎么写作文了。

每个人都希望被肯定，当我们肯定孩子的优点，并不断地强化他的这个行

为时，就会引起孩子积极的行动，孩子也会越来越自信。

四、写信赞美儿子——和孩子沟通

有时候，用书信的方式赞美孩子，可以把平日不好意思说的话用语言文字的方式表达出来，避免了尴尬。同时，用文字也更容易起到沟通的作用。

以下是我曾经给儿子写的一封信。

儿子：

你好！

昨天晚上，妈妈陪着你的时候，突然感到肚子钻心的疼！你知道吗？就在那一刻，我感受到我儿子是一个多么优秀的孩子呀！一个孝顺、体贴，善于想办法，善于总结原因的儿子，让妈妈开心不已！

你让妈妈看到一个体贴的男孩！妈妈觉得自己得了什么重病的时候，你伸出手在我的肚子上揉着。儿子，你知道吗？妈妈很感动！突然感觉自己的肚子一点都不疼了。儿子，那是心理的反应，不是身体的反应，是你的爱让妈妈觉得不再疼痛了。儿子，做人要体贴，你做得真的太好了。

你让妈妈看到一个善于想办法的男孩！你着急地说："妈妈，你是不是吃坏了肚子？"我摇摇头，你不停地说："妈妈，快去上厕所，上了厕所就好了！"

儿子，妈妈听着一句句暖心的话，心里甭提有多欣慰了。我回应着你："妈妈不是吃坏肚子了！""妈妈，那赶快吃点药！吃了就不疼了！"儿子，看着你焦急的样子，听着你暖心的话语，我笑了，我为我的儿子感到骄傲！一个善于想办法的人，永远都不会被困难打倒！

你让妈妈看到一个善于总结原因的男孩！当你想了很多的办法，妈妈还是很疼的时候，因为你在旁边不断分析原因，我也翻来覆去地想，为什么会肚子疼呢？

忽然记起来，是因为今天中午区里培训要录视频，下了车一直没有来得及吃饭。我告诉你："妈妈可能是中午忘记了吃饭！引发了胃疼。""嗯，应该是这个原因，你看你疼得那么厉害！"儿子，听着你的分析，我突然觉得，我的儿子长大了，懂得遇到事情找具体的原因了。儿子，有这样精神的孩子，才是一个客观看待问题的孩子！我为你感到骄傲！

儿子，昨天，你让我看到了一个不一样的儿子。一个体贴、善良，善于想办法，懂得总结原因的好儿子！妈妈觉得你真的长大了。我为你感到骄傲！我的好儿子！

永远爱你的妈妈留

我把这封信写好后，悄悄放在孩子的床头，等孩子回家后，自己翻看。当孩子看着妈妈给他写的表扬信，内心的喜悦跃然脸上。我知道，儿子的优点在我的赞美信中，又得到了强化！

恰到好处地赞美孩子，有利于培养孩子的自信心，更有利于增强孩子对父母的信任感，从而让孩子变得越来越优秀！

25. 让父母和孩子相互促进

家庭关系,是影响亲子关系的关键因素。父母是孩子的榜样,孩子也是父母的老师,家庭无小事,每一个细节都可能互相促进。

一、父母是孩子的榜样——妈妈,我要跟着你学

有一次,儿子生病了,我带着他去看病。那天早上,我们睡过头了,起来的时候,已经是9点了,怎么办?只好草草地穿好衣服,早饭都顾不上吃,心急火燎地牵着儿子往医院赶。

途经菜市场的时候,儿子望着身边热气腾腾的包子,说:"妈妈,我想吃包子!"包子铺老板喜笑颜开,热情地介绍着:"小弟弟,我们这儿有酱肉的、鲜肉的、蔬菜的,你要哪一种呀?"

"想吃什么样的?"我俯下身问儿子。

"鲜肉!"儿子歪着脑袋说。

"好,老板,你给我拿一个蔬菜包,一个酱肉包。"我回应着老板。

"好嘞!"老板一边脆生生地应答着,一边分别用两个塑料袋娴熟地装着

包子。

我拿过包子，递上一个给儿子，然后急匆匆地赶路。菜市场里人声鼎沸，车水马龙。到处弥漫着蔬菜、鸡、鸭、鱼交织在一起的味道。包子吃完了，手里的塑料袋怎么办？我环视四周，没有看到垃圾桶，于是，我随手把塑料袋一扔，谁知，塑料袋太轻，轻轻袅袅地飘飞起来。儿子看见了，大声嚷道："妈妈，不能乱丢垃圾！"我一愣，转身想捡回塑料袋，可塑料袋早已不见了踪影。我急着赶时间，只好作罢，拉着儿子说："塑料袋都飞得不见了，我们还急着去看病呢！"

儿子不依不饶，"我要跟着妈妈学！"顿时，我怔住了，看着孩子把塑料袋一直紧紧地握在手里，我不禁又羞又恼。我看着身边的环境就随意放松对自己的要求，儿子却能不因外界而改变准则，我不禁汗颜起来。听着儿子说的"我要跟妈妈学"，我顿感沉重。想着这些，我急忙转过身，努力寻找我丢过的"塑料袋"。我要把它拾起来，哪怕是一时糊涂，抑或是一时松懈都不应该给自己找借口。父母的修养决定着孩子的教养，我就是孩子的榜样呀。

二、孩子是父母的老师——把孩子当大人养

作为母亲，我从来都是把尊重孩子放在第一位。把孩子当大人养，让孩子树立一种意识：我是一个独立的人，自己的事情自己负责，自己的人生自己走。

记得有一次儿子参加学校竞选，我和儿子手牵着手一起回来的时候，儿子和我谈到学校竞选管理员的事情，我问儿子情况怎么样。儿子说："妈妈，我看了一下，支持我的人很多呢！"

"哦，有多少？""我看了一下，男生很多都举手了，还有很多女生！"我不知道这里面有没有夸张的成分，这些都不重要，重要的是我要让孩子明白自己为什么能够赢得人气，并把这样的优点发扬下去。

我问儿子："儿子，你知道为什么大家要选你吗？"儿子低着头，认真思考着。

他高兴地说："我在学校不说粗话！"

"哦，我儿子很文明！"

"还有，我不喜欢吹牛！"儿子提高了声调说着。

"哦，我儿子很诚实，实事求是！"我也有意把孩子的优点说出来。

"我不打架，别人把我的橡皮弄丢了，我也不要他赔！"

"我儿子对人很宽容，对人很好！"我继续鼓励。

"我喜欢把东西借给别人，其他同学不愿意借东西，我会借。"儿子顿了顿，"这段时间训练，每天下午都很口渴，我会把我买的东西拿给大家一起分享！"

"儿子做得很好，是这样的，有什么东西要和大家一起分享！"

听着儿子说着自己的优点，我的心却沉沉的，想想自己的儿子，再想想生活的细节，我和他爸爸都没有儿子做得好。儿子的爸爸是个爽快的人，喜欢说粗话，儿子不但没有跟着学，还告诉我："我才不会说粗话，这样多不文明！"我发现，儿子是我们的榜样呀！我们应该向孩子学习！

想着这些，我情不自禁地说："儿子，你才是爸爸妈妈的老师呀！"

"哈哈，真的吗？"儿子兴奋地跑起来，边跑边说："那你叫我一声罗老师！"说着，跑得更快了。我用力地招着手，追在儿子的身后，用最大的音量喊着："罗老师，等等我，等等我……"

所以，把孩子当作自己的老师，能让孩子体会到被欣赏、被鼓励。同时，我们自己也成了成长型父母，并且还能对孩子进行因势利导。这对孩子、对父母都是双向奔赴、共同成长的好事！

三、家庭是最好的港湾——成员共创温馨美好

家庭成员之间的互相尊重、互相体贴，是促进亲子关系最好的催化剂。

周末，婆婆来了，给家里的每个人买了一套保暖内衣。婆婆向来做事周到，考虑周全。看着婆婆买来的保暖衣，我心里一阵热乎。

我这做媳妇的，哪怕老人不买任何东西，我也应该给老人一些表示。

于是,我悄悄把儿子叫到一边,低声说:"儿子,把这钱给奶奶,妈妈没有时间去给奶奶买礼物,我们就给钱让奶奶自己去买喜欢的东西。"

"你怎么自己不去给?"儿子有些疑惑。

"奶奶最喜欢孙子了,你去给她,她会更高兴的。"其实,每次只要给婆婆钱,我都是让儿子转交。为什么这样做,首先是言传身教,让儿子知道,我们家庭关系是和睦的,这样儿子更有安全感;其次,让儿子明白,妈妈对奶奶是孝敬的,给儿子做一个表率;再次,老公也在旁边,看见自己老婆给自己妈妈钱,他心里当然高兴,也是增加老公幸福指数啊。

儿子果然一蹦一跳到婆婆身边,说:"奶奶,妈妈给你的。"儿子一边说一边把钱往婆婆兜里塞。

婆婆一个劲地谦让:"我不要,我有钱啊。"

儿子着急地把钱捂进婆婆的口袋,嘴里直嚷嚷:"不行不行,妈妈给的,一定要拿着。"

我站在一旁,轻轻地说:"妈妈,拿着吧,您看您总是给我们买这买那,我们拿这一点算什么啊,只是表达一下心意而已。"

婆婆这才不再推辞,脸上的笑容像绽放的花。

润物无声的家庭氛围,影响着我们未来大家庭的关系呢!

如果把家庭当成一块土壤,那么父母的修养就是养料,而孩子的教养则是培育在土壤里的果实。果实长成什么样,与土地有关,但更多的是与提供的养料有关。修养靠修炼,教养靠耳濡目染。父母是孩子的老师,孩子也是父母的老师!

26. 如何与孩子相爱不"相杀"

今天，我和儿子一起观看了老师布置的关于"沟通"话题的班会。班会温暖、朴实、惹人深思。真心感谢学校能那么用心地准备一场思想的宴会，一看怦然心动，再看深情依旧！扪心自问，每一位家长都爱自己的孩子！可是我们真的会爱吗？

一、相爱——是场缘分

能和孩子遇见，就是一场缘分。我们爱孩子，他们也在爱着我们。班会开场白中有一个细节：孩子怕妈妈生气。我在思考：是不是我们对孩子的要求太高，其实孩子比我们想象中懂事。

这让我想起和儿子之间的一件事。一次，在儿子和我回家的路上，我说："儿子，你看你，这次考试怎么这么点分？"让我没有想到的是，儿子抑制不住地哭起来："妈妈，你知道我压力有多大吗？"就在那一刹那，我的心碎了，我突然意识到，是啊，我们作为父母，只知道提要求，但真的就设身处地为孩子想过吗？

我不禁反思，作为母亲的我，应该给予他的是帮助，而不仅仅是要求；应该给予他的是理解，而不仅仅是责备。如此，才能对得起这份母子之间的世间缘分。

二、"相杀"——是方法不对

看着班会里的测试题，我不禁思考，孩子需要什么，我应该给他什么。相爱就会有摩擦，但不一定就是"相杀"。

青春期的孩子，我们为什么会和他"相杀"？我想，我们都渴望自己的想法能被对方理解，可是最后都没有达成协议，谁也不愿意妥协。做父母的认为自己是正确的，做子女的却期待父母能理解自己。我们愤怒的背后都是没有被满足的需求。

今后，我多站在儿子的角度去思考：我是他，我会怎么处理。设身处地，既要有理解，同时也要有要求。理解并不是纵容，多一点陪伴，多一点倾听，多一点理解。够了，这就是做父母的姿态！

三、相爱不"相杀"——需要分寸

班会最后的微电影《包子》，我和儿子反复看了两遍。故事的女主人公就是我们做母亲的样子。曾经相依为命，曾经无微不至，害怕孩子磕着碰着，互相陪伴，互相依靠。可是最后，孩子会有他自己的世界。我们却不愿意放手，就像影片中的老母亲，迅速堵住小包子要离开的门，哪怕把他吞回肚子，哪怕千般不舍，万般疼痛，都不愿意放手，所以，悲剧发生了。

孩子终将要离开我们，也许我们的深层意思就是想表达：我怕你离开我了，不能独立行走。但是我们更需要做的是在孩子成年之前，陪伴他，帮助他，让他自力更生，让他有足够的能力独当一面。

把握好爱孩子和孩子相处的度，相爱不"相杀"！做好父母，我们在努力！

27. 孩子不开心怎么办

　　每个人内心都会淤积一些负面的情绪，当孩子不懂得如何排解的时候，我们做父母的就要给孩子的心灵定期进行"清理"。

一、当孩子对老师不理解——说出每个老师的苦心

　　进入期末复习阶段，儿子有些浮躁。而且，这学期他们的班主任换成了其他老师，他有点不适应。

　　"妈妈，我们 D 老师和以前 Y 老师两个人的观念完全不同。"儿子谈论着自己的老师。

　　"怎么不一样？"我引导孩子拉开话匣子。

　　"以前 Y 老师讲话的时候，要求我们抬头，必须抬头。现在 D 老师却说要低着头。"儿子嘟囔着说。

　　我笑了笑，说："儿子，每个老师都有自己的教育方法，Y 老师希望你们抬头，是希望你们全神贯注、心无旁骛地听他讲。D 老师喜欢衡水中学的理念，觉得大家低着头更能沉下心来，不受外界打扰，心无旁骛。这两个老师方法不

同,但是为学生着想的心是一样的。"

在孩子对老师的方法产生不适应的时候,做父母的坚决不能说任何一个老师的坏话,而是引导孩子如何适应老师。

二、当孩子不自觉时——用预设未来进行引导

孩子继续谈着班里的事情:"妈妈,有时候我还是控制不住自己,想玩,特别是期末的时候。"

"儿子,谁不想玩啊。你不是说,要是填表需要写特长,你就写'玩'吗?"我眨眨眼睛,和儿子开着玩笑。

"哈哈,就是就是。"儿子眉开眼笑。

"可是,儿子,人不可能玩一辈子的。"我话锋一转,"想象一下我们要是一直那么贪玩,未来没有工作,没有收入,没有自己的房子,贫困潦倒的样子……"我和孩子一起预设未来的样子。

"妈妈,我不想成为无业游民。"儿子喃喃地说。

随后,儿子沉默了……我相信,对未来的预设,在孩子的心里荡起了涟漪。

三、当孩子意志力不强时——教会他自控的方法

我接着说:"在我们的一生中,会不断地遇到各种诱惑,我们需要学会自控,你知道吗,美国斯坦福大学心理学教授沃尔特·米歇尔(WalterMischel)设计了一个著名的关于"延迟满足"的实验。研究人员找来数十名儿童,让他们每个人单独待在一个只有一张桌子和一把椅子的小房间里。桌子上的托盘里有这些儿童爱吃的东西——棉花糖、曲奇或是饼干棒。研究人员告诉他们可以马上吃掉这些糖果,或者等研究人员回来时再吃还可以再得到一颗棉花糖作为奖励。他们还可以按响桌子上的铃,研究人员听到铃声会马上返回。其实这样的过程是很煎熬的,有的孩子为了不去看那诱惑人的糖果而捂住眼睛或是背转

身体，还有一些孩子开始做一些小动作——踢桌子，拉自己的辫子，有的甚至用手去打糖果。结果，大多数的孩子坚持不到三分钟就放弃了。有一些孩子甚至没有按铃就直接把糖果吃掉了；另一些孩子盯着桌上的糖果，半分钟后按了铃。大约三分之一的孩子成功延迟了自己对糖果的欲望，他们等到研究人员回来兑现了奖励，这个过程差不多有 15 分钟的时间。"

儿子认真地听着，不时地问："后来呢？"

"后来发现，当年马上按铃的孩子，无论在家里还是在学校，都更容易出现行为上的问题，成绩也较低。他们通常难以面对压力、注意力不集中而且很难维持与他人的友谊。而那些可以等上 15 分钟再吃糖的孩子在学习能力倾向测验中成绩比那些马上吃糖的孩子平均高出 210 分。在继续追踪到他们 35 岁以后，表明当年不能等待的人成年后有更高的体重指数并更容易有吸毒方面的问题。但是，坚持了 15 分钟的孩子成就普遍更高。"儿子听到这儿，若有所思。

"所以，当我们遇到诱惑的时候，坚持 15 分钟，忍一忍就过来了。当我们做自己不想做，但又不得不做的事情的时候，我们需要用意志力去克服自己的惰性，并且还要让自己爱上不愿意做的事情。这样的人，才会更有自控力，更有自律的精神。记住，以后遇到诱惑，记得忍 15 分钟，结局将会不一样的。"

"妈妈，和你谈心后，我总是心情会更好。"儿子说。

"是啊，因为我们都需要'清理'自己的心灵，才能积蓄力量往前走得更轻松、更坚定。"

此时，夜已深，却静谧而美丽。

第六章

叛逆期人格塑造：让品质成为人生护身符

28. 如何给孩子树立精神榜样

榜样的力量是无穷的,我们可以给孩子树立精神榜样,这样,孩子的精神追求才会更加高远。

一、用榜样的优点——指引孩子

晚上,我正在书房看一个朋友的新书。儿子走进来,看到封面,一下看见"贾高见"三个字。他马上笑起来:"哈哈哈,这个人名字真好笑,'贾高见'那不是'假的高见'吗?哈哈哈。"儿子笑得更欢了。

我一听,笑着说:"儿子,这个人虽然名字叫'贾(假)高见',但有真正的高见。希望你以后能够像他一样优秀。"

儿子睁大了眼睛说:"他真的很优秀吗?"

我说:"第一,他很会为人处世。他做什么事情都很周全。第二,他人品很好,大家都愿意和他做朋友。第三,他做事很刻苦。"我边说边把书翻到序言部分,继续说:"这是他师父给他写的序,上面这样说的:'高见让我自豪的不是他的天资,而是他的努力,别人十分努力去做的事情,他会付出十二分的努力。'儿子，一个人最大的优点就是努力。"

儿子听了，默默点头，并情不自禁地翻开高见老师的书，一页一页找他的图片，我也在旁边不断地说："儿子，向优秀的人学习吧！"

二、用亲人的经历——启迪孩子

身边的亲戚朋友，也可以成为孩子的精神偶像。因为他们的故事真真切切就发生在身边，真实而贴切。

比如，我的亲妹妹，最近考研究生失败了。作为姐姐的我，在替她惋惜的同时，更多的是鼓励她，给予她力量。同时，我把这件事作为给孩子树立精神榜样的一次教育。

我给儿子讲了我妹妹的故事。妹妹从小成绩并不理想，可是，不管学业成绩如何，未来的职业是一定要考虑的。家中我是老大，父母把所有的希望都寄托在我身上，希望我能帮妹妹做一个未来的打算。于是，我做了一个冒险而大胆的决定：虽然妹妹成绩不够理想，上高中的希望也渺茫，但是文凭这块敲门砖是必需的。我建议她去读成人大学3+2，获得大专学历，在上成人大学的同时，再去自考本科。妹妹果然不负所望，最终通过自考获得了本科文凭。

可是，一个没有任何工作经历的小姑娘，拿着自考的本科文凭，到了人才市场，所有人都用怀疑的眼光看着她，没有任何一个单位敢招她进去。

面对如此尴尬的境遇，怎么办？妹妹显得有些局促，和她一样在油锅里煎熬的，还有我这个当姐姐的啊！可是，我比妹妹大，我冷静而理智地和妹妹商量：以你现在的年龄和工作资历，是工作挑选你，不是你挑选工作。只要有公司选择你，就去做，但是，无论如何，一定不要忘记不断地努力。

最后，一家食品厂聘用了我妹妹。可是，食品厂并没有立刻让妹妹进厂里，而是先从最底层做起，从门口的服务员做起。妹妹因此遭受了不少白眼，我不断地安慰妹妹：此时的你，能力不够，千万不能眼高手低，沉下心来，踏踏实实干，就是为自己积蓄力量。

我鼓励妹妹在工作的同时，一定不要忘记了学习。既然她学的专业是工商管理，那么，我们对照银行招聘需要的条件进行准备，相信机会一定是属于有准备的人的。

于是，妹妹开始拿起书，一如当年准备自考的样子，开始学习一本本难读的书。功夫不负有心人，她真的实现了。当她具备了所有条件，就去各个银行应聘，终于被招进了邮政储蓄银行。这十年里，她一步步地从一个临时工，成为一个正式职工，最后成为银行行长。如今，妹妹早已不再是当年只有700元工资的服务员了，而她仍然在马不停蹄地继续奋斗。

讲完我妹妹的经历，我希望儿子能从中吸取精神养分，得到一些启发：

1. 人在绝境处，也是重生处

我一直在思考，为什么妹妹读了三年初中，居然考不上高中，最后却能够在一年内通过自考拿到本科文凭。我问过妹妹这个问题，妹妹说："因为那个时候，觉得自己再也没有退路，我只能向前，我必须努力。"当一个人意识到自己到了绝境，没有退路的时候，往往能激发强有力的动力，把自己的潜能充分地挖掘出来，让自己变得有超乎寻常的能力。所以，人生真的不要怕自己身处绝境，山重水复的时候，就是柳暗花明时。

2. 不论何时，都不要放弃努力

在鼓励妹妹成长的道路上，我作为姐姐，从来没有放弃过鼓励妹妹追求上进。不管是她在读书时，选择工作时，别人嘲笑时，还是工作顺境时。不管处于顺境还是逆境，我们都不能放弃自我的成长。这样的人生，才是积极的、永不凋谢的人生。

3. 此路不通，选择拐弯

在妹妹没有考上高中的时候，我并没有选择挤破头地上独木桥，而是果敢地选择了"曲线救国"，选择了别人都不愿意走的路。在"曲线救国"的旅途中，只要方向是对的，我们只管努力往前奋斗。

4. 当才华撑不起目标，正是需要积淀时

人生不可能事事顺利，甚至更多的是事与愿违。当你觉得事与愿违的时候，说明我们的才华还不够，功夫不够，能量不够，这正是说明我们还需要不断地努力和积累。既然问题已经暴露出来，不要贪恋没有意义的任何事情，在暗处积蓄力量，你才能在黑夜里闪闪发光！静心学习，静心积淀，修炼好自己的绝世武功，你才有纵横天下的自由！

5. 在逆境时，更需沉住气

人在逆境的时候，更需要不动声色，沉住气，在大局面前隐忍，不慌不忙，保持冷静。在所有人都否定自己的时候，要坚定地相信自己。不要被别人的冷嘲热讽、冷落冷眼乱了分寸。抬起自己高贵的头颅，永远保持不退缩的、积极进取的姿态。人生就是一场马拉松，谁能坚持到终点，谁就是最后的胜利者。把逆境当作磨炼自己的机会，因为，人在逆境时，头脑是最冷静、最清醒的，没有外界打扰，没有利益诱惑，内心更加警觉，性格更加坚定。记住，所有的困难，不过是春天来临前冬天的一场蛰伏而已，冬天已经来临，春天还会远吗？撑下去，你才会真正面朝大海，春暖花开！一切都会过去，一切都是瞬息，而那过去的，就会成为亲切的怀念。

说完我妹妹的故事，我能清晰地看到孩子脸上的震惊！身边亲人的榜样力量是看得见，摸得着的。所以，当孩子迷茫的时候，手足无措的时候，也许他想起了这个故事，会转化成一种动力。

三、父母的示范——最好的动力

最好的教育还是言传身教，没有什么比父母的亲身示范更为重要。作为母亲，只要我取得一点成绩，一定会让儿子看见，并且还要告诉他，我是如何努力、如何付出的。

比如，有一次，我参加了一个论坛，我和孩子分享了准备过程中的波折和磨难，目的就是帮助孩子增强面对困难的勇气和魄力。

我告诉儿子："儿子，你知道吗？我参加这个论坛，真的太多波折了！"

"什么波折？"儿子有些好奇。

我说:"妈妈为了这个论坛,准备了整整两个月的时间。搜集资料、看书、写文章、修改文章。到最后一天,我都还在做课件,可是遇到了很多意想不到的事情。"儿子歪着头认真地听着。

我继续说:"为了改这个课件,我自己琢磨了很久,仍然没有弄好。后来,我找到了微机老师,微机老师做好后,我自己再继续修改。昨天晚上都修改到了凌晨1点多,早上5点又起来修改。修改到6点多的时候,意外发生了!"

"什么意外?"儿子更是好奇。

"我的课件保存不了,因为电脑空间不够。怎么办?我马上找到班级电脑技术最好的同学雷真。他捣鼓了很久,仍然没有进展。这个时候,妈妈都要急得快哭出来了。"儿子聚精会神地听着。

"我没有放弃,静下来,准备重新做。可是,自己在做的时候,意外又发生了。电脑没有电了,课件没有保存,一切白做。"儿子的心情跟着我的经历一起起伏。

"我请雷真帮我找课件,我继续重新做课件。雷真都想放弃了,但是我一直鼓励他:'别怕,能找到,说明我们雷真技术不赖,不能找到,也没有关系。'反正我两手准备,已经着手在重新做课件。"

"后来呢?"儿子追问道。

"后来,皇天不负有心人,终于找到了。雷真也很开心,说:'吴老师,我给你删点空间,以后就不会出意外了。'"儿子的心情也跟着我的经历变得轻松起来。

"可是,我的课件到了现场居然放不出来。还好,我提前到的会场。我立刻调整自己,让自己冷静下来,赶快找到主办学校的微机老师帮忙。原来是,我们删电脑空间的时候,把播放软件也删掉了。"儿子开始大笑起来。"微机老师修好后,课件里的视频又放不出来了。还好,有多余的时间,微机老师又继续找原因,最后才做好的。"

在讲经历的同时,我们更需要告诉孩子,我们讲这件事的目的是什么,可以从中收获什么。

我郑重地告诉儿子:"孩子,妈妈通过这件事,总结出几点:第一,好事多磨,我们不要怕遇到问题,问题都是来磨炼我们的。第二,提前准备。做任何事情提前准备好,才有更多的时间进行调整,我们才能真正地做到'预则立,不预则废'。第三,要做就做最好。在做这件事的时候,妈妈是全身心地投入,所以最后成功了。"儿子听得很认真,而且完全用崇拜的眼神看着自己的妈妈。

所以,做父母,我们要把自己活成孩子心中的榜样。给孩子一束光,就是最好的精神支柱!

在孩子成长的道路上,我们要善于把孩子的精神偶像变得可视化、常态化。这样,才能真正转化成孩子的精神营养,滋养孩子未来成长的道路!

29. 如何教会孩子精益求精做事

什么是"精进"?"精"就是精确、精准,要有明确的数量规定;"进"即进步,不断提升。"精进"强调的是做准确、做到位,然后才是做好,慢慢才是做更好。培养孩子不断精进的态度,才能让孩子变得越来越严谨,孩子的自我要求才会越来越高。

一、孩子马虎时——需要返工

晚上,儿子说:"妈妈,我今天想看书,写读书笔记了。"我满口答应,因为我觉得多阅读对孩子的提升是很有帮助的。在阅读的时候,我给孩子提出了要求:一是读的时候要达到一定的数量,以页数计算。二是写读书笔记的时候,不能仅仅是照抄,还需要有自己的赏析。三是不仅仅要赏析,还需要灵活运用,把看到的运用在自己的写作中。

可是,当我在检查孩子读书笔记的时候,我傻眼了,儿子根本就是为了完成任务而写!怒不可遏,孰不可忍!可是,此时的孩子已经进入了梦乡。

第二天一大早,我严肃地告诉儿子:"你看你的读书笔记,纯粹就是完成任务，你这样写有什么意思！"我表达了自己的愤怒。儿子自知理亏，默不作声。

然后，我拿着本子指着上面的错误说："你看上面还有错别字，这个'九宵云外'写错啦，应该是"九霄云外"，这儿少写了一个字……"我知道，此时要趁热打铁，这是孩子认识错误最好的机会。同时，我再翻出每天家长们的点评，说："你看看，这个可是每天都要点评的，你觉得这样马虎了事，人家看了会怎么想。"我充分利用儿子好面子这一点进行了强化。

孩子一直在认真听着。我继续说："儿子，执行不到位，等于不执行；执行不到位，等于没有执行，与其这样马马虎虎地做，还不如不做。"儿子心悦诚服地表示："那我重新做吧。"我等的就是这句话。

晚上，儿子重新写的文字足足有 1000 字，而且第二天写的读书笔记质量远远超出上一次。

二、孩子不懂精进时——讲清楚标准

孩子有时候不懂精进，也不懂怎样才能做到精进。所以，我专门和孩子一起交流了关于精进的看法。

我告诉孩子："精进需要不懈努力的态度，更需要有专业自觉的素养，还需要有文化自觉的深度。"

孩子还是丈二和尚摸不着头脑，我继续和儿子深化对"精进"的认识。

"精进，首先是态度。优秀是一种习惯，每个能把事情做到极致的人，都是自我要求非常高的人。最近看余映潮老师的书，其中有一个细节，编辑赞叹余老师的稿子最多，却从来没有一个错别字。看到这儿，我不禁震撼了，能够做到文章一个错别字都不出现的人，那真的是做事极致认真之人。这就是做事的一种态度。

其次，精进就是细节。老子的《道德经》有言：'天下难事，必做于易；天下大事，必做于细。'泰山不拒细壤，故能成其高；江海不择细流，故能就其深。我们每天都需要经历具体的事、琐碎的事、单调的事，而鸡毛蒜皮的事情中却孕育着生活的大智慧，所谓细节决定成败，也是如此吧！

当然，精进需要深度。很多时候，我们往往浅尝辄止、蜻蜓点水、点到即止。实际上，真实的世界是，你以为突破了一层茧，自以为成了蝴蝶，其实，还有新的一层茧在外面等着你。所以，深耕细作、长久思考、独特观察、深入研究、深入持久，才算真正的精进。"

最后我对儿子说："精进是你有愿意把事情做到极致的态度，是有把细节做到极致的行动，再加上愿意持之以恒、坚持不懈的深度。最后，才能达到你想要的高度！"

三、孩子需要提升时——学会复盘

和孩子一起盘点他的优缺点，有利于孩子看见自己的缺点、优点，便于发现自己的点滴进步；也有利于警醒自己的不足，便于培养精进的精神。

为了帮助儿子进步，我和儿子约定：一起盘点他这学期的十大成长，再盘点三个需要改进的地方，儿子和我分别书写。儿子设计成一棵大树的形式，枝繁叶茂的大树上"滋长"的是十大成长，然后大树的底下埋藏在泥土里的是三个"需要改进的缺点"。

我也给儿子书写了他的十大成长和三个缺点。我和儿子互相都没有看对方写了什么，目的是给我们都制造一个惊喜和留下一个悬念。

接着，我和儿子一起分析。通过分析，强化孩子对自己优点的认识，明晰自己的缺点。从而在下一次的行动中防患于未然，这样慢慢改变自己，做事情变得越来越精进！

儿子写的"十大成长"是：

1. 懂事。以前回家总是逗妹妹哭，现在懂事了，懂得给妹妹辅导功课了。
2. 恒心。不管做什么都能坚持不懈地去完成。

3. 脾气。小时候动不动就和妈妈发脾气，现在进了中学后从来没有发过火。

4. 品德。从来不说谎，答应的事情总能做到。

5. 身高。由小学的 1 米 5，长到现在已经是 1 米 6 多了。

6. 习惯。以前桌子乱，现在已经有进步了。

7. 政治。政治成绩一直在进步，由第一次 22 分，到后来的 33 分，到现在一直是 40 多分，一直保持着等级 A。

8. 历史。知道自己历史不好，所以坚持回来看历史。

9. 家务。周末在家里帮爸爸、妈妈、奶奶做家务。

10. 集体意识。从以前觉得自己做好就可以了，到现在努力做好班级、学校的事情。

改进的地方：

1. 拖拉。晚上回到家，一会儿看天花板，一会儿吃面包，洗脸、洗脚一共用半个小时。

2. 见到老师紧张。一看到老师就全身僵硬、紧张，但现在有改变。

3. 写错别字。比如"脱拉""衡心"都要写错别字。

我把我写的和儿子写的一起比较："儿子，从进步的方面看，第一，懂事，妈妈和儿子写得一样。第二，学会控制情绪，这个和儿子写的一样。第三，儿子自觉了，每天自觉复习、自己看书。第四，懂得自觉弥补自己的薄弱点。第五，有自控力，比如坚持不玩手机。第六，思考能力更深入了。这一点儿子自己没有发现。第七，尊敬师长，这一点和儿子写的差不多。第八，长高了。第九，有毅力，做什么事情不半途而废。第十，工作积极，这和儿子说的有集体意识差不多，看来妈妈还是很了解儿子的啊，当然儿子更了解自己，总结得更加全面。"

让孩子复盘，能让孩子更加清晰自己需要改进的地方，同时亲子之间互相促进，从而双方都能得到提升。

我也对儿子说了他需要改进的地方："儿子，其一，妈妈觉得你拖拉，其二，你还需要提升阅读质量，多阅读。其三，你需要增加运动。其四，你需要练字，少写错别字。其五，看见老师紧张这一点，我们开学注意多突破。"

仅仅给出缺点，还不够，关键是需要我们帮助孩子如何去改掉缺点。

接着，我和儿子一起商量："首先，拖拉，妈妈和你一起克服，做什么事情，我们都不拖拉。如果我拖拉，那么儿子惩罚妈妈，如果儿子拖拉，妈妈惩罚儿子。其次，提升阅读质量，从明天起，坚持每天阅读，阅读完毕，再玩手机，可以吗？再次，每天锻炼。妈妈天天陪着儿子锻炼，好吗？"

商量好改进措施，接下来就看儿子的行动了。

培养精进的精神，需要父母一步一个脚印地坚持！

30. 如何教会孩子有空杯心理

孩子毕竟是孩子,容易在一点点成绩面前高估自己,造成自我认识上的偏差。如何教会孩子懂得谦虚,并正确而冷静地认识自己呢?

一、孩子考试后——教会孩子:别高估了自己

儿子考试完毕,回家后,第一件事,就是对照答案,估分。我在旁边总会加上一句:别太高估了自己,保守估分,认为有把握的,才算分;没有把握的,扣掉。最后,当结果真正来临之时,惊喜总会大于失望。

为什么我会告诉孩子别高估了自己?因为人总是这样,希望越大,失望就会越大,越高贵的人,越谦卑;越有实力的人,越会把自己放在低位。所以,我们作为父母,应该教会孩子懂得,别高估了自己的实力。

每次我在班上让孩子们估分,班上的孩子有一部分总会对自己估计过高,而实际分数却不高。最后,孩子越来越没有自信。我时常感叹,我们习惯于高估自己的实力,而忽略了这个世界上山外青山,楼外楼。别高估了自己的能力,低估了别人的努力。这个世界上比我们优秀的人比我们更努力。知人者智,自

知者明，对生活多一些敬畏，人生才能走得更顺畅；对人生多一点反省，生活才会少一点盲目。

别高估自己的重要。心理学有个效应叫"焦点效应"，什么意思呢？我们往往以为，别人的目光总是聚焦在自己的身上，无意中，自己处于一种紧张的状态，其实，每个人都在关心着自己的事情，哪有那么多目光聚焦在别人身上。我时刻告诉儿子，我们千万别把自己看得太重要。这个世界离开了谁，地球照样转。高估了自己的价值，最后只会让自己太过敏感，不利于体验生活中的幸福和快乐。

别高估自己在别人心中的位置。我告诉儿子，和朋友相处，真诚相待，不求回报。不要以为你怎么对别人，别人就会怎么对你。降低自己的期望值，人与人交往，把握分寸感，不即不离，君子之交淡如水。有缘，携手前行；无缘，千万别强求。这样，自己不累，别人也愉悦。

作为父母，让孩子别太把自己当回事。这样的孩子，才能既保持精神世界的高贵，又能保持灵魂世界的完整；这样的孩子，才能内心丰富，轻松快乐，又能主宰自己。

二、孩子骄傲时——告诉孩子：自满的人，往往走不远

最近，我看到儿子有些沾沾自喜，心里隐隐有些担忧，毕竟是个孩子，无法正确清醒地看待人生中的得与失。或许，在孩子迷茫的时候，需要帮助的时候，需要纠正人生观、世界观的时候，父母就该出现了。所以我给儿子写了一封信，表达了做妈妈的担忧和希望。

儿子：

看到你能经过自己的奋斗和努力，考上理想的学校，实现理想的目标，妈妈真心为你开心。可是，看到你沉浸在过去的成绩中，甚至有种沾沾自喜，我心里真的很担忧，你知道吗？一个人太容易自满，是走不

远的。

人一辈子有许多关键的时候，而你仅仅是走了人生关键的第一步，这仅仅是人生中一个很渺小的起点罢了！山外有山、楼外有楼。如果你觉得你现在就可以了，取得一丁点成绩就满足了，我真为我的儿子感到汗颜。因为，一个有那么一丁点成绩就满足，就裹足不前的人，是鼠目寸光、故步自封的人，特别让妈妈担心的是，假期中的你开始放松，开始松懈，我真心不希望我的儿子把自己过得那么颓废！

真正走得远的人，是有着长远志向，有着长远目标的人。他们懂得生于忧患，死于安乐的道理，他们不会让自己陷入温水煮青蛙，更不会被自己一时的成功而消磨斗志，甚至忘记了自己赶路的方向。他们懂得时时清空自己，时时保持清零的状态。过去的荣耀也好，挫折也罢，都会全部放下，全部删掉。一个人不同的阶段有着不同的使命和不同的要求，作为男子汉，要时刻懂得担当，为自己负责，为自己的未来负责，这样的人，才能保持不断更新的姿态！

所以，儿子，人，不能只顾眼前利益，目光放长远，头脑有定力，心神要清醒，不忘初心，才能走到终点！

三、孩子想松懈时——教育孩子：保持谦逊，才有成功的可能

平日，在孩子学习坚持不下来的时候，在孩子想松懈的时候，在孩子想放弃的时候，我会和儿子一起谈心，告诉他：保持谦逊，才有成功的可能。

我告诉儿子，人群中最有实力的人，是最低调的那个人。人只有谦逊了，才能有自知之明，才能清晰地认识自我，才能虚怀若谷，保持平和的心态。

我说：中国有句俗话——乐极生悲，物极必反，溢满则亏。所以，真正优秀的人，他永远懂得保持空杯的心态，去接纳万事万物，他明白自己的不足，向别人学习。这样才有进步的可能和提升的空间，在谦逊的人身上，是看不到傲慢与浮躁的，他们给人的感觉是尊重身边每一个人，懂得学习是一辈子的事

情,奋斗是一生的事业!

四、孩子不懂自控——警诫孩子:只有自律,方得始终!

当孩子开始放纵自己的时候,做父母的一定要在此时敲打自己的孩子,告诉他:一个人,唯有自律,才能走向成功!

我会告诉儿子,越自律,越幸运。一个懂得自律的人,不是没有欲望,而是在面对自己欲望的时候,警醒自己、克制自己,他不会让自己随意放纵,更不会给自己找放纵的借口,做欲望的奴隶。不随心所欲,更不会随波逐流,自律是一种持久的自我约束、自我激励。一个人自律的程度,就是他人生境界的高度!

31. 如何激发孩子的内驱力

叛逆期的孩子，容易受到外界的影响，觉得自己是在为老师学习，为父母读书，而一个真正有发展潜能的孩子，关键还是内驱力！那么，如何能够让孩子改变意识，具备内驱力？

一、观点熏陶——任何事情都是为自己做

昨天，和儿子谈心的时候，儿子说："妈妈，我要被老师或者你看见我的努力，鼓励我，我才会更加努力！"

一个孩子的想法决定了他的行动，所以，想改变他的行动，先要引导他的思想。于是，我回答道："儿子，你好像把这个顺序搞反了吧。应该是把'被看见后，才努力'换成'努力了，就会被看见'吧！因为，被看见才努力是被动的，是需要别人的力量促进自己进步，这是外力。努力了，就会被看见，这是主动的，这才是内力，是我要努力！"

二、交代误区——明白自己的问题

改变观点，还需要孩子看清自己的行动，明白自己哪些方面是有误区的，从而把培养内驱力做到实处。

我和儿子聊了"被看见，才努力"的几个误区。

1. 需要别人的鼓励，我才努力。这样的努力，是没有自信的表现，这样的努力，永远是把希望寄托在别人的身上。一个真正愿意自我努力的人，他懂得自己到底要什么，到底要走向何方，最后的目标是什么。他是清晰而坚定的，他并不会因为别人的"看不见"而忽略了自己的成长。因为，这个世界上，唯一能把握的，那就是自己的努力！

2. 误认为被看见的努力才叫努力。其实，很多人以为，我被看见了，就是被肯定了，就会更加有动力。其实，努力一点点，能会被看见，那是肤浅的，真正的努力是日日夜夜持续地坚持着自己的坚持，热爱着自己的热爱，是完全沉浸在自己的目标里，能把每一个平凡的事件做出深度，把每一个简单的细节做到极致，这些努力都是看不见的付出，这样的努力，才会迎来真正的属于自己的高光时刻。

3. 误把用的时间多当作效率。有的人总是说："我在努力啊，你看我天天下课在做作业，上课在听讲，回到寝室还在努力。"可是你误把用的时间多当作了努力，而真正的努力是什么？是需要方向，需要效率。可是这样的人不愿意问问自己：我是在什么方面努力？我的方向对吗？如果每天没有效率地胡思乱想，最后，自己又没有休息好，又看不到效果。比如，早上跑步，有的同学以为自己跑步了，就是努力，那你发现自己是怎么跑的吗？围绕着操场，一边聊天，一边走，这样跑十年都没有效果，而有效的努力是什么？我跑步要达到什么目标，每一天，我要如何跑多少圈，有目标、有方向的努力才是正确的努力。

4. 误认为自己的努力别人应该肯定。其实，在我们没有成功之前，别人是看不见我们的行动的。所以，很多时候，你自认为的努力，并不是别人眼中的努力，而看得到最后的结果的努力，才能叫真正的努力。所以不要再说"我努力了，我真的尽力了"。你身边被看见的同学，是因为她比你优秀，而且比你更加努力。

三、引导方法——调整路径

只知道问题，还不够，还得明白怎么去努力，才是内驱力调动下的正确努力。

我继续和儿子聊：我们怎么才能做到，努力后就会被看见呢？

1. 自我暗示。不断地自我鼓励，我一定要坚持努力，别把希望寄托在别人身上，因为老师不可能天天看着你一个人，只有自己才是自己最后的陪伴者和鼓励者，只有自我鼓励的人，才能笑到最后。

2. 放弃无用功。人的精力有限，放弃一些无用的事情，每天问问自己做的哪些事情是无用的。坚持不做无用的事情，这样才能真正地做到心无旁骛，减少精力的浪费。

3. 做到心无旁骛。每一个心浮气躁的人的背后，都是因为内心的不平静。静下来后，你才能生发出内在的力量。所以，真正的成长，往往都是孤独的，都是安静的。因为，只有安静下来，你才有灵魂的力量，自己沉静下来之后才能不断地沉淀自己、积累自己。你只有在正确的事情里不断地精耕细作，才能真正地做到厚积薄发，最后才会迎来自己的花团锦簇，不然永远是在冰面滑行！

4. 有效率地努力。给自己定一个小目标，有一个时间观念，把自己的效率提升上去。

5. 坚持弥补弱点。当你发现自己有薄弱的学科，一定别忘记持续地在弱势上坚持下去。这样才能由量变到质变。

6. 持续地努力。持续地付出，才能实现真正的成功。可是，很多时候，我们都等着被别人肯定后,才努力;或者,等得太久,没有被看见,就不再努力。一次努力就被看见,往往是运气;而不断地努力,最后被看见,这样才是实力!

不是因为这件事有结果才努力,而是因为相信这件事是对的,才持续地努力。你的努力,终究会被看见,如果没有被看见,要么是不够努力,要么是努力的方向不对,要么是积累的时间不够。

最后,我告诉孩子,任何事物都有由量变走向质变的过程。只要你足够努力,并持续地努力,终有一个时候,一定会被看见!

32. 如何引导孩子更有人生智慧

人生需要智慧，而智慧的孩子不是天生的，是父母培养和教育出来的。

一、智慧的基础——做一个有教养的人

一个孩子最基础的智慧，就是做人要有教养，懂得换位思考，有帮助他人的自觉，懂得有礼有节的礼仪。

孩子和我聊天，说到一件事："妈妈，我今天在街上，看到一个老年人，我主动帮他提了东西。"儿子眉飞色舞地向我诉说着今天他遇到的事情。

"我儿子助人为乐，真不错！"

"妈妈，我看到那个老年人很可怜，他提不动，我看到就很同情他。"儿子眼角里闪着泪光。

"我儿子是个善良的人。"我继续肯定儿子。

"妈妈，我只想帮助老年人，中年人不想帮助。"儿子继续说。

"儿子，不管是老年人、中年人，还是小孩，人家遇到困难，我们都要热情地伸出援助之手，多做好事，做一个好人。这样，帮助别人，自己也快乐

啊!"我一边聊天,一边引导着儿子。

走到小区门口,小区的门关着,需要门卫室的保安帮忙开一下。

"麻烦开一下,好吗?"我轻声对保安说。

"儿子,要说谢谢。"

保安开门的那一刻,我悄悄告诉儿子。

儿子应声说:"谢谢阿姨。"声音太小,保安没有听到。我急忙大声说:"谢谢您哟!"保安阿姨急忙挥手微笑示意:"没事没事。不用谢不用谢!"

走进小区,我轻轻告诉儿子:"孩子,向别人表达谢谢,要大声一点,让别人感受到你的尊重。"儿子默默听着。"这样才是一个有教养的人。有教养的人不但要懂礼貌,还要让自己的礼貌让别人感受得到。"

"哦。"儿子心悦诚服地答应着。

随风潜入夜,润物细无声,最好的教育就藏在日常细节中。

二、通透的思维——教给孩子人生哲理

作为父母,总会比孩子有更多人生经验。所以,我们可以巧妙地把人生的智慧教给孩子,如果一个孩子能够想问题更通透,甚至形成一种通透的思维,当孩子遇到问题的时候,就不会那么仓促而战栗。

传授的方式要巧妙,需要找到合适的时间和合适的机会。我一般会在岁末的时候,给儿子写一封信,谈谈人生的智慧。

儿子:

今天又是除夕夜,我们总是在岁末的时候,回望我们走过的足迹。在这辞旧迎新的日子,妈妈想给儿子说说几个人生道理:

1. 坦然面对自己的长大,人在不同年龄有不同的使命。 儿子,明年你又长大一岁了。你将要面对新的责任和新的使命,人在各个年龄面临的责任是不同的,我们不能永远停留在去年的样子,我们需要坦然面对

新的挑战。

2. 过去一年不好的不纠结，一切重新开始。 过去的一年，有成功有失败，遇到的事情看淡看透，不纠结，愿你新的一年轻装上阵，幸福前行。有的事情本身就没有绝对的对与错，执着有时是一种美德，可是过于纠结，会让自己陷入死胡同，妈妈担心你把自己陷进死胡同里无法自拔，这样人会很痛苦的。所以不要纠结于过去，一切往前看，就好。

3. 人的厉害都是积累出来的。 所有的优秀都是厚积薄发的，所以不要急于一时，不断地自我精进，和自己比高低，不断地超越自我，是一个年轻人应该有的姿态和模样，妈妈期待你一直这样坚持下去。

4. 逆境就是成长最多的时候。 不要害怕挫折，因为往往逆境就是自己成长最为迅速的时候，你能承受多大的挫折，就有多大程度的成长。"欲戴王冠，必承其重，欲握玫瑰，必承其伤。"学会在最困难的地方成长自己，积蓄力量。

5. 能控制情绪的人都是有大格局的人。 真正厉害的人都不会用情绪来说事。不要让别人破坏你的内心秩序，一个成熟的人，懂得做人做事的原则，让别人了解你的原则，同时也要尊重世界的多样性，不要对人进行道德评价，这样看问题客观、通透了，你才不会被情绪所控制。

6. 做一个高度自律的人。 人生在世，能掌控自己的人，才能掌控人生。所以遇到事情多想想，要不要去做，做了会产生什么样的后果，这样才能理智面对自己内心的欲望。能克制住内心欲望，能抵制住诱惑的人，才是高度自控的人，才是真正自律的人。

7. 学会换位思考，做事不能只感动了自己。 换位思考是一种心理体验，更是将心比心。这样才能更好地与人沟通，才能增进彼此的理解和互动，所以换位思考才会让我们真正不烦恼。

8. 人生不要败在"傲"和"惰"上。 人生一辈子，就怕"傲"和"惰"，一旦傲，人就会没有空杯心理，随时保持内心的谦卑才是王道。同时，很多时候，我们都败在惰上，懒是无所事事，而惰是浪费时间，所以我们要合理利用好自己有限的时间，不把时间荒废在无聊的事情上。

9. 做一个有目标又有执行力的人。 有目标就需要严格执行，不要说的时候是斗志昂扬、信誓旦旦，真正落实的时候是虎头蛇尾。既然定了目标，所有的事情都要为自己的目标让路，做一个既有目标又有执行力的人。

10. 学会对世界温柔以待。 一个真正成熟的人是对整个世界都温柔以待，同时有足够强大的内心去接纳、去承受世界的一切，这需要多大的能量和多么强大的自我啊！

愿新的一年，我的儿子能活出自己，活出更好的自己，活出想要的自己。

三、抗压的智慧——扛过苦难的人更美好

压力，不仅存在于成年人的世界，孩子的世界里，同样有。我们往往能够认可自己的压力，却容易忽略孩子的压力。据研究发现，压力是0岁就开始伴随每个人，所以，父母要正确培养孩子的抗压能力。

随着升学压力的增加，孩子开始变得敏感而脆弱，孩子会因为一个小细节，觉得是不是学校老师在针对他，是不是同学们又在说他坏话，为什么别人做了那么点事情，就被老师肯定，为什么他就不能。

此时，我们要让孩子明白一个观点：欲戴王冠，必承其重。

1. 告诉孩子必须学会承受。 每一个成功的人的背后，都需要承受常人无法承受的苦难和孤独。当你的追求比别人高，你想达到你现在达不到的高度，即使你的内心会经历煎熬，会经历不甘，会经历委屈，甚至误解，乃至孤独，你都只能选择一个词：承受。当你孤独而且疲累，甚至觉得自己已经快要承受不住了，甚至想放弃的时候，告诉自己，只有死磕，只有死撑，只有把已经在眼眶里打转的眼泪，硬生生逼回去，你才能真正地把苦难变成一种能量，你才能真正地实现由量变到质变，这样，你才能真正地成长。

2. 告诉孩子需要逼自己更努力。 如果你觉得没有人肯定你，是因为你还不够优秀，你还没有优秀到别人都能看见你的地步。所以，此时，还需要逼自己更加地努力，谁都能做到一时努力，但要把努力变成一种习惯，才能更加优秀。

3. 告诉孩子想得多不如做得多。 想得太多的人，会内耗，会让自己的心理压力越来越重。想得太多，而做得太少，最后，一无所获。真正聪明的做法是，放下一切负担，只有一个字，做。行动了你才知道结果是什么。未来不可预测，去做，并且踏实地做，坚持做，相信结果一定比想得要好！

第七章

叛逆期青春期教育：为孩子未来保驾护航

33. 如何进行青春期性教育

进入青春期后,孩子的心理和生理会发生明显的变化。如何对待青春发育期,如何进行性教育,成了做父母的一个欲说还休的话题。

一、态度——大大方方谈身体发育

既然青春期性教育这个问题无法避开,那么最好的办法,就是和孩子大大方方谈身体发育。

晚上,儿子睡觉的时候,神秘地告诉我:"妈妈,我的好朋友开始长胡子了。"我轻轻一笑:"正常呀!"

"妈妈,他说他上周的时候开始长的。"儿子继续告诉我。

"哦,说明他已经开始发育了。"我接过儿子的话。

儿子不好意思地笑起来:"我可不想长,那多难看呀!"

我微微一笑:"儿子,这是正常的身体发育。你现在开始声音变粗,或者开始长胡子都是正常的。"

儿子没有回应。我思考着:孩子进入青春期,在生理、心理方面,如果每一位父母都能给孩子传递正确的知识，也许孩子们在青春期的迷茫会更少。

二、准备——推荐青春期书籍

面对青春期的身体变化，孩子还是会好奇。怎么办？与其堵塞，不如因势利导，最好的办法就是用书籍进行引导。

一次，儿子回来后，有些害羞地说："妈妈，你不知道，现在我们班男同学有多无聊。"我很是诧异，问："怎么啦？"

"我现在上厕所，需要带本书。"孩子不好意思地说，"不要以为我是爱学习，要看书，而是为了遮挡……"

"怎么……"我更是好奇。

"我不想被别人看到自己的身体，所以就带本书挡着。"

哦，原来如此。

"儿子，青春期的孩子，对自己的身体，或者对异性的身体感到好奇，这是很正常的，说明你们在发育，在成长。这是人身体发育需要走过的阶段。"我必须让孩子明白，对身体的变化产生好奇是正常的。

现在很多家长"欲说还休性教育"，不敢告诉孩子，不好意思告诉孩子，其实我们不给孩子讲，他就会用其他方式悄悄获得，所以才有了孩子看不良视频等现象。与其让孩子悄悄获得，不如正大光明地教给他青春期性教育的知识。

于是，我给孩子买了《给男孩的悄悄话》等图书，并告诉儿子："要了解青春期知识，一定要从正规书籍里面获取。"然后，我不动声色地把青春期相关的书放在儿子的床头，让他在睡觉前阅读。

三、帮助——父母亲是性教育最好的老师

孩子大了，儿大避母，女大避父。爸爸坦然地教给儿子一些青春期的知识，是很有必要的。如果是女儿，就可以让妈妈给孩子进行性教育。

我们家是儿子，所以主要由爸爸和他聊聊青春期相关的知识。

1. 青春期发育的特征

告诉孩子，男生、女生出现"第二特征发育"都是正常的。男生出现遗精，喉结凸起，肌肉开始变得结实、声音开始变粗，胡须也开始生长，体格也变得高大起来。

2. 关于防护知识

（1）**生理知识**：男生遗精是正常的生理现象，也是男性性成熟的标志。一般每月 1~2 次遗精，是属于正常的生理现象。

（2）**控制性冲动**：性意识萌发后，产生性冲动是人类的本能。人不能控制性冲动，但是可以控制自己的行为，尤其是男生，要注意自己的言行。人和动物的区别是：动物不懂克制，而人懂得文明。

（3）**注意卫生**：平日注意生殖器的清洁卫生，穿宽松的内裤，被子不要过暖过厚。

（4）**减少刺激**：不要看有言情刺激的小说、网站、影视等，多读健康的、能提升自己境界的、高尚的书籍。

（5）**转移注意力**：丰富自己的业余生活，使旺盛的精力可以释放。同时，把精力放在追求进步上，减少性幻想。

（6）**学会自控**：让自己学会做一个有意志力、有自制力，做事理智冷静的人。

四、警诫——培养孩子正确的性道德

关于青春期教育，除了让孩子了解正常的生理知识外，还需要培养孩子正确的性道德。

有段时间，某明星被指控性侵未成年人事件，各大社交平台都在谈论此事。在和孩子散步的时候，我和儿子谈起这件事，并顺势向儿子传递了几个观点。

1. 尊重女性。在生活中，或者在学校要尊重女同学或者其他女性。要有绅士风度，多乐于助人，不要斤斤计较。

2. 对家庭要有责任感。对待自己的感情需要专一，不要轻易去承诺，禁止一切家暴，做一个有家庭责任感的男人。

3. 性行为需要自愿原则。在相互产生爱情的基础上发生的性行为，才是高尚的、道德的，并且一定是以自愿为原则，不然会给别人造成肉体和心灵上的伤害。

4. 预防性骚扰。注意保护自己，男生也要懂得拒绝一切性骚扰。

5. 保护自己的爱人。注意不要让自己的另一半受到伤害，尤其是女生身体上的伤害。避免意外怀孕，呵护好自己的爱人。

作为父母，我们需要理解并接纳孩子的成长，用发展的眼光看待孩子，并在他们成长的道路上给予帮助，从而让孩子的青春期走得更加稳健！

34. 如何引导孩子树立正确的爱情观

孩子进入青春期后，会对异性有好感，有的孩子甚至会早恋，这个时候，作为父母，我们是道德说教，还是严厉制止？面对情窦初开的孩子，我们该如何教育？

一、观点——喜欢一个人是正常的

最近，和孩子聊天的时候，孩子告诉我说："妈妈，我们班有同学在早恋！"

"哦。"我平静地回答着，看着身边的这个大男孩，他的声音开始变粗，有些沙哑，嘴唇上面开始长小胡子了。看着孩子的变化，我想，应该和孩子谈谈爱情这个话题了。

"儿子，你有喜欢的女同学吗？"我笑着问。儿子低着头，变得不好意思起来。嗫嚅着说："以前有，现在没有。"

我开始笑起来："儿子，喜欢一个人是正常的。心中有喜欢的人说明我们家孩子长大了。被别人喜欢，说明我们家孩子有人欣赏。"我一边和儿子谈着，一边观察着孩子的变化。儿子正认真地听着。

作为青春期孩子的父母，面对孩子朦胧的情感，最重要的是，引导和帮助孩子能正确看待爱，正确对待爱。

我继续说："只是，当我们喜欢别人时，你应该看到，我喜欢对方什么，对方喜欢我什么，我的优势是什么，我还需要弥补自己的哪些不足。当我们喜欢别人的时候，如果你感觉自己变得越来越好，那么，妈妈恭喜你，你把这种喜欢转化成了一种动力，这样的喜欢才是美好的。可是，如果在喜欢中，你变得患得患失，让你沮丧，让你疲惫，甚至你的生活变得越来越糟糕，影响了你的正常生活，那妈妈告诉你，这份喜欢，请立刻打住。因为，在一段不好的感情里，要么是你自己很自卑，要么是对方根本不喜欢你，让你很痛苦，不甘心！所以，及时止损，让自己变得更优秀了，再找一个值得去喜欢的人。一段好的恋爱会成为一个人努力成长的动力源泉，一段不好的恋爱会让人迷失自我，走向堕落的深渊。"

二、思考——我到底喜欢他什么

让孩子明白了喜欢一个人是正常的，这仅仅是爱情教育的第一步，而更重要的，是要教会孩子学会冷静地思考。

于是，我继续和孩子谈："儿子，当我们喜欢一个人，你清楚你喜欢她什么吗？"

儿子有些疑惑："妈妈，喜欢一个人要有理由吗？"此时，我变得严肃起来："儿子，喜欢一个人，也许是一种感觉，但是不能盲目。两个人最初的彼此吸引，也许是身体的多巴胺分泌的原因，一旦多巴胺分泌过少，这种喜欢来得快，去得也快。"

"那，妈妈，您怎么看上我爸爸的？"儿子提出这样的疑问，父母的婚姻就是孩子最好的教育。

"首先，你爸爸和妈妈一样，都是老师，所以我们有共同的话题，其次，我们成长的家庭背景都相同，所以我们的三观是一致的。再次，你爸爸有吸引我的地方——他有思想、能干、有责任感、勤劳、善良、上进，这些都是我很欣赏的优点，而且他是最适合我的人。他只是长得不是特别帅，但是妈妈并不在乎这一点啊。所以，婚姻是否合适，只有自己知道，找一个适合自己的人比什么都重要。"

我告诉儿子，"人们常说的两个人的彼此吸引，也许是始于颜值，但是绝对不能仅仅因为对方好看或者对方对你的喜欢，就去喜欢对方。因为一份长久的爱，需要彼此三观一致、志趣相投。有缺点不可怕，因为两个人的相爱，需要互相磨合、彼此包容，关键是这个缺点是不是你无法忍受的，这才是决定两个人是否走得长久的关键。"儿子一边听一边不住地点头。

"所以，在未来选择伴侣的时候，我们需要明白：我到底喜欢他什么，我适合什么样的人。这样的爱才会更加长久，这样的人生才会更加幸福。"儿子听得若有所思。

三、衡量——"我"具备谈恋爱的能力吗

除了冷静思考，还需要让孩子明白，"我"是否具备谈恋爱的能力了。

我继续说："儿子，谈恋爱也是需要能力的，首先，你有承担一个家庭的能力吗？你有养活一家人的能力吗？一个男人有担当家庭的责任，既然要谈恋爱，首先要有为自己喜欢的另一半买单，支撑一个家庭的生活开销的能力，创造幸福生活的能力。你现在有吗？"儿子摇头。

我继续说："然后，男人要有担当。许下的诺是欠下的债，所以不要轻易说爱，轻易说出的爱，那不叫真爱。爱是需要用心去说的，是需要有责任担当的。

还要有独立平等的人格。一份好的爱情，两个人是互相独立，彼此尊重的，双向奔赴，彼此成全的。并不是一方拼命付出，一方高高在上的。同时，爱情中的安全感是自己给的，而不是对方给的。"

最后我说："同时，爱情不是生活的全部。因为有事业的男人，才能更好

地成为家庭的支柱,才能更好地为自己为家人创造更精彩的人生!"

说完,我轻轻问了一句:"儿子,这些前提,我们现在都不具备。所以,现在要做的是,经营好自己,让自己成为更好的人,等条件成熟的时候,给喜欢的人一个优质的爱人。这样多好!"

四、修炼——爱情来临前的智慧提升

最后,我和儿子一起谈论了爱情来临前,需要做什么。

我说:"儿子,真爱并非运气,相爱需要实力。我们需要不断地去修炼自己,为自己未来的幸福做准备。"儿子怔怔地看着我,正期待着我的回答。

我告诉孩子,爱情来临前,需要做以下修炼:

1. 做一个成熟的人。 一个成熟的人,需要生理成熟、心理成熟、专业成熟。要谈恋爱,首先得有成熟的身体,你现在还在青春期发育阶段,身体还尚未成熟。同时,心理也需要成熟,需要有成熟的三观;专业成熟,就是为自己的专业精进。现在你都需要不断地修炼。"

2. 做一个自尊自爱的人。 不要做感情的奴隶,爱自己的人,才有资格获得别人的爱。我们要学会爱惜自己、肯定自己。如果别人不爱你,那就要学会优雅地转身,不要为爱让自己失去尊严。自爱者,人恒爱之。

3. 做一个格局宽广的人。 爱需要宽容,学会尊重对方,学会换位思考。两个人的相处,需要磨合,更需要包容。一个善于包容别人的人,才会让自己心胸更开阔,让自己身边的人更舒适、更温暖,这样才会幸福。

4. 做一个不断上进的人。 我们要善于反思,挖掘自身的弱点,不断地提升自己的修养、学识、能力、本事。一个不断完善自己的人,才会让自己越来越优秀,才会拥有不竭的魅力。不是拼命对对方好,对方就拼命爱你,而是,你值得被重视,才会拥有更好的爱。

5. 做一个善于沟通的人。 一个善于沟通、懂得沟通的人,才懂得与爱人相处。这样,才会让自己舒服,身边相处的人也舒服。

6. 做一个懂得自制的人。 任何时候，不管是处理感情，还是处理事情，都要学会自我控制、自我管理，这样的人在感情上才会更加幸福。

7. 做一个有抗挫能力的人。 当一段感情失去，不要失去自我，无法走出，人要有拿得起，放得下的魄力，有抗击挫折的能力。

8. 做一个有高雅追求的人。 不断地把爱情升华成一种动力，升华自己的境界，用爱来鼓励自己努力上进，成为一个有高雅追求、不庸俗的人。这样的人生，才是更加美好的人生。

一次亲子谈话，就是一次青春期爱情观、择偶观的教育。

35. 如何教会孩子与人交往有分寸感

最近，我发现孩子在人际交往上老是出问题，一点小事就和他人发生冲突，这其实就是不懂人际边界问题。人际交往决定着孩子的人际关系，所以，叛逆期人际交往的教育也是至关重要的。

一、异性相处——要有距

古语有言"瓜田不纳履，李下不正冠"。与异性交往，注意自己的行为举止，把握好身体界限和心理界限，这样才能让自己处于正常的交往范围内。如果没有界限，就是麻烦的开始，能注意异性交往的界限，是一个人的修养之高和情商之高的体现。怎么做？首先，设定底线，不该做的一定不能做。其次，不能单独交往，不给别人误解的机会。再次，回避不该谈的话题。毕竟男女有别，不该谈的不能谈。最后，身体要有距离，有的同学，和异性过于亲密地嬉笑打骂，这样不容易受到尊重。

二、朋友交往——要有度

很多人以为好朋友之间交往，就要亲密无间，所以口无遮拦，或者破坏私人领域，最后往往彼此伤害很深，甚至反目。作为中学生的我们，尤其要注意，亲密一定要有间。如何做？首先，要知道对方的心理边界在哪里。平日相处，一定要注意避免触及，尤其更要控制自己的情绪，懂得尊重对方。其次，久处要包容。人与人之间，更多需要彼此的包容和体谅，而不是挑剔和苛责。再次，己所不欲勿施于人。不要认为你们是好朋友，就想怎么样就怎么样，不要干涉对方的生活，不要打着为你好的旗号，而随意干涉，其实，好朋友也有自己的私人领域，不要随便去触碰才能保持长久。最后，提升自己价值。朋友之间能长久保持友谊，是互相的平等与尊重，没有互相平等的价值观，没有互相都需要的品质，友谊是不可能长久的。

三、亲子之间——要尊重

我告诉孩子，懂得尊重父母，这是我们做子女最基本的要求。不要因为太过熟悉而觉得理所当然，不尊重父母，随意顶撞。首先，感恩，这个世界上没有比父母对你更好的人，所以，对父母，要学会感恩。其次，懂得沟通，遇到什么事情，先换位思考，如果我是爸爸或妈妈，我会怎么做。再次，懂得沟通，遇到矛盾不是赌气，而是真心地沟通。

与人相处，不要把自己看得太重要，把对方的需要放心里，懂得与人相处之道！

36. 当孩子的朋友出现问题怎么办

做父母的，总是有操不完的心，在孩子交友方面，我们也需要做正确的引导，所谓"近朱者赤，近墨者黑"就是这个道理。

一、树立正确的友情观——引导交友标准

建立正确的友情观，这是父母需要教给孩子的，与其担忧孩子会被朋友影响，不如从小教会孩子树立正确的友情观，从而正确地交友。

在孩子小学的时候，我们就教会儿子懂得，什么叫朋友。首先，交朋友需要交良师益友，人品是交友的第一标准。其次，朋友要互相帮助。两个人在一起如果能互相往好的方面发展，才是真正的朋友，而两个人互相往坏的方面发展，那这就叫"狐朋狗友"。所以，交友的第二标准，那就是互相成全。再次，投缘，友情能带给我们互相依赖的情感寄托，有朋友的人生会感觉更加温暖。

有了正确的友情观，孩子在交朋友的时候，也知道怎么去选择了。

二、当朋友犯错时——教会孩子理智看待

只要是人，都会犯错。朋友犯错，也是正常的。作为父母，我们要引导孩子理智地去看待朋友犯错。

儿子上高中的时候，他最好的朋友因为在学校谈恋爱，被学校开除。当知道这个消息的时候，儿子顿时蒙住了："他从来没有和我聊过啊！他怎么会这样呢？"儿子急切地想知道到底是怎么回事。那几天，儿子心神不宁，他是个重情重义的孩子，可是儿子朋友的手机已经被父母没收。于是，儿子观察他朋友的QQ号，找到点赞最多的一个头像，发现了朋友的"女朋友"，了解到了事情的真相和他们认识的来龙去脉。

作为母亲，此时，我们不能盲目地说朋友的坏话，更不能断然地要求孩子和朋友断交。怎么办？引导孩子理智看待。于是，我和儿子聊起了这个话题。首先，这种行为是不正确的。上学期间谈恋爱，肯定是违反了校规校纪。作为中学生这是不对的。其次，每个阶段有每个阶段的任务。学生时代以学习为主；到我们该找工作的年龄，我们就为工作准备；到二十几岁，该谈恋爱的年龄，自然就可以谈恋爱；到了你的爸爸妈妈的年龄，就是上有老下有小，需要照顾老人、孩子。我们没有必要去着急。再次，谈恋爱不代表朋友的人品就有问题。作为朋友，择其善者而从之，其不善者而改之。朋友做得不好的方面自己要引起警醒。

当我们这样和孩子交流，并被儿子认同后，儿子不但不会学朋友做得不好的方面，反而会引以为戒。

三、当朋友需要帮助时——教会孩子有原则地尽力而为

当孩子的朋友需要帮助的时候，我们要教会孩子竭尽全力去帮助。

这次，儿子的朋友，因为谈恋爱而被开除。儿子找到我们寻求帮助。作为

妈妈，我告诉了儿子我的担忧："首先，你的朋友既然会被开除，说明事情很严重。但是，既然是你的朋友，我们作为父母，在不违背原则的情况下，一定会尽力而为。"

于是，我和他爸爸一起找学校领导了解情况。我们通过行为告诉儿子：朋友的困难，我们要尽力去帮助，但是，是需要在不超出原则和范围的情况下，进行帮助。

后来，儿子的朋友仍然改变不了被开除的命运。

我告诉孩子："最好的帮助是精神的影响，儿子，我觉得你完全可以在聊天的时候，建议朋友从这件事上吸取教训，让自己不要重蹈覆辙。"

儿子认真地点点头，此时，我欣慰地舒了一口气。因为，我已经知道，当选择朋友的时候，我的儿子懂得什么是真正的朋友；当朋友犯错的时候，儿子懂得理智地看待对错，并不会因此受到不好的影响；当朋友需要帮助的时候，我的儿子也懂得了帮助朋友需要有原则地尽力而为！所以，这是一堂多么生动的人生课啊！

37. 如何培养青春期孩子的格局

一个孩子的格局，影响着他的未来发展。格局的形成非一日之功，但是，作为父母，我们必须重视孩子的格局培养。

一、发现——孩子的内心世界

傍晚，儿子主动要我和他散散步。平日，孩子忙于上学，我们忙于上班。假期，正是和孩子好好聊聊的好时机。

蓦然发现，儿子已经长高了很多。记得前两年，身高成了儿子的一大软肋。天天回来和我嘟囔："妈妈，给我买增高鞋吧！"弄得我是哭笑不得。

假期聚会，好友们一个个赞扬孩子："哇，长这么高了啊！"儿子听了好不惬意，一路上散步，都是踩着跳跃的节拍，好像清风明月都在伴奏似的。

儿子说："妈妈，以前有个阿姨总是说'你怎么比同龄人矮那么多啊'！这句话我至今都记得。"看着儿子有些哀怨的神情，我的心猛地一颤：如果一个孩子，为一句话而耿耿于怀，这样会消耗一个人的精力，会执念于无关痛痒的小事上，造成不必要的内耗，缩小孩子的格局。这不是为人父母希望看到的孩子的样子。

二、意识——父母的言行决定孩子的格局

那一刻，我突然意识到，有时候我们大人在遭遇了委屈，不经意地在家里宣泄，被孩子听见，潜移默化地给孩子带来了不好的影响。虽然，这些磨难早已随着时间的流逝，消散在岁月的沙滩上。可是，我们不知道，在不经意间，一个小小的举动，给孩子留下了不可磨灭的印象，甚至影响着孩子的世界观和价值观。

父母的言行影响着孩子的言行，父母的格局更决定着孩子的未来！

所以，孩子在形成世界观的关键时候，我需要教会他懂得，在生活中，有些事情看淡一些，有些现象看开一些，有些眼光看远一些。胸襟开阔，人生才会坦荡！

我告诉孩子："儿子，你看，别人一句话，你却在意了那么久，而且给自己造成了那么大的困扰，最后吃亏痛苦的还是自己啊！"然后，我和儿子聊起了"格局"的话题：在面对不顺心的事情的时候，我们应该努力关注的是自己的成长和进步，而不是事件本身给我们带来了多大的伤害。遇到问题，多思考我们自己缺少的是什么，自己的问题是什么，而不是关注外界给我们带来了什么样的阻碍。把目光集中在自己身上的人，只要方向正确、步伐稳定、心神安定、意志坚韧，何时抵达，只是时间长短的问题。

三、出路——父母的引导决定孩子的格局

我继续告诉孩子，做一个有格局的人，有多么重要。一个有格局的人，关注的是大局，而不会拘泥于小节，更不会执拗于飞短流长，他会关注心中的大目标，而不是眼前的小委屈。

最后，我还告诉孩子，怎么才能做到有格局呢？

首先，学会释怀。格局都是被委屈撑大的，别人的评价里没有你的未来，而自己才能为自己的未来负责。忍受委屈不是"压抑"，而是懂得自我放下，自我排解。遇到问题，不要伤害自己，放不下会缩小自己的气量，放大自己的痛苦。只要内心足够笃定，就会不惧未来何时风雨！

然后，关注未来。把目光集中在自己的责任和使命上，多关注自己的未来，把眼光放得长远些。在风平浪静时居安思危，在狂风暴雨前从容应对，这样才能有备无患。关注未来，就不会计较小的得失，才会放大自己的格局。

最后，务实当下。我们要把注意力放在当下的事情，多一份责任感和使命感。现在还有那么多事情要做，哪里来的心思去苦恼、去烦恼、去痛苦。这样，慢慢你的注意力会集中在当下，集中在责任和使命上，而不是鸡毛蒜皮的小问题上。我们见过的人，经历的事，都增加了我们的眼界，宽广了我们的胸襟，沉淀了我们的内心，我们的格局也会随之慢慢变大。

儿子听完，不住地点头。此时，夕阳的余晖洒满了整条路，把我和孩子的影子拉得好长好长……

作为父母，我们的格局，决定着孩子的格局，培养一个有格局的孩子，才能让孩子未来走得更通畅。

38. 如何引导孩子为未来考虑

培养孩子，其中关键的一环是如何让孩子过一个满意的、有价值的人生。这其实就是生涯教育。作为父母，我们如何对孩子进行生涯教育呢？

一、启蒙——陪孩子聊生涯教育

晚上，吃饭的时候，儿子和我聊天："妈妈，我很奇怪，班上有些同学，对他们以后想从事什么职业还是迷茫的，我好像很早就知道自己以后想干什么。"我愕然，继而问："那你以后想做什么？"

"我以后想做美术方面的工作。"我莞尔一笑，心里倍感欣慰。我只是把美术当作孩子的一种爱好在培养，可是没想到，儿子居然把兴趣当作了自己未来的发展方向。如果一个人能够一辈子做自己感兴趣的事情，并且把它发展成一种职业，那将是多么幸运的事情啊！

我继续问儿子："那你有什么样的打算呢？"

"妈妈，我想好了，我觉得美术要是真的学好了，可以做很多事。首先，我想在互联网方面做一些设计。"

"哦，妈妈懂了，想走向全世界，我儿子的目标还是蛮宏伟的啊！"我一边肯定一边打趣地说。

儿子仿佛受到了鼓励，说得更加带劲。继续说："要是实现不了，我就去当个建筑师，设计大型的建筑。"

"哈哈，这个好，当年林徽因就是人民英雄纪念碑设计者之一呢！如果你能做建筑师，设计一些有代表性的建筑，那我这当妈的，该有多骄傲啊！"我高兴地说。

"万一不能做建筑师，我就到公司去做设计图纸的工作，也是不错的。"我笑眯眯地看着儿子，饶有兴致地听着儿子说自己"伟大"的未来。

"万一连公司设计图纸的工作都不能实现，我就去考个美术老师资格证。"儿子仿佛陷入了沉思，"如果没有成为美术老师，我就自己开个美术培训班。"

"不过，先要考一个好大学，才能解决这些问题。"儿子补充最后一句的时候，我扑哧一声笑出来，开始"老生常谈"："对，要考一个好大学，还是需要现在一步一个脚印地好好学习。"

听着儿子的打算，我的心里备感欣慰。不管孩子的打算能否实现，至少，他对自己的未来有了更加清晰的认识。

这让我想起了我爸爸对我们的教育。爸爸从小没有读过书，可是他一直带着一种信念：正因为自己没有读过书，他尝尽了没有读书的辛酸曲折，所以，一定要让自己的孩子多读书，读书是一定有用的。正因为有这样的信念，我和妹妹，都坚定地相信，读书能改变命运。所以，我和妹妹成了我们家族这一辈读书最多的人。

作为父母，平日多陪孩子聊聊人生的打算，就是生涯教育的启蒙。

二、给孩子树立信念——学习是有用的

我父亲对我们的教育方面，做得最为成功的就是给我和妹妹树立了一个信念：学习是有用的。如果一个孩子明白而清晰地知道，学习是有用的，对未来

的职业是有帮助的，对自己的终身发展是有意义的，那么，孩子会更加明确学习目标，更加有学习动力，也增加了挑战困难的勇气，并且在人生的职业生涯规划上，会少走一些弯路。信念的树立非一日之功，需要长期的熏陶和潜移默化的影响。

三、发现孩子的兴趣点——引导孩子探索自我

我们作为父母不能代替孩子成长，更不能越俎代庖，帮他把所有的决定都做了。我们能做的是发现孩子的兴趣点，并不断地帮助他进行完善。傅雷在这方面做得相当到位，他发现儿子傅聪有音乐天赋后，开始让孩子接受严苛的训练，后来傅聪果然成为著名的钢琴家。对于另一个孩子傅敏，他却认为是"当老师的料"，后来傅敏被评选为"英语特级教师"。一个孩子成为钢琴家，一个孩子成为"特级教师"，他让他的孩子们都获得了各自不同的精彩人生。这就是一个成功的职业生涯教育的例子！善于发现孩子的长处和兴趣，从而激发孩子自我探索的动力！

四、引导孩子的行动力——行动才是实现的保障

有了信念和兴趣，最难的是行动，最具体的也是行动，最有作用的也是行动。如果一个孩子知道了自己的方向，关键还需要把想法变成行动，并且需要持续不断地行动。

首先，给孩子找到具体的可落实的任务。比如孩子想当音乐家，先从学习唱歌开始，并把这一个微行动变成一个微习惯。其次，给孩子进行正向反馈。当孩子这样做了，父母要让孩子意识到，只要行动就会离自己的目标更近。再次，监督孩子持续行动。孩子毕竟是孩子，坚持一段时间，就会半途而废、前功尽弃。此时需要父母的监督，监督孩子持之以恒、坚持到底。持续地坚持行动，才能感受到付出的成就感。

作为父母，我们要给孩子树立学习是有用的信念，同时，引导孩子发现自己的兴趣点，并争取让孩子把兴趣发展成擅长的事情，再把擅长的事情发展成所从事的事业。这样，孩子的职业生涯教育就不再是个梦！

第八章

叛逆期家长成长：做孩子成长的启明星

39. 如何做孩子信任的父母

"妈妈,中午把我送到校门口,好吗?"儿子拉着我的手说。我欣然答应。孩子的正当要求,做妈妈的当然不能拒绝。

想起孩子的教育,我心里备感幸运和欣慰。不管我们有多忙,或者孩子正在经历青春期,他都愿意把学校里发生的事,还有他内心的烦恼和我们大人分享。这也是源于孩子对我们的信任吧。所以,信任,才能创造一切美好。做孩子信任的父母,是一切家庭教育的前提。

一、前提——无条件信任自己的孩子

想让孩子信任我们,我们首先要信任他。信任的根本就是接纳,并且是无条件地接纳。哪怕全世界都嫌弃他,做父母的都别忘记接纳。心理学家乔伊斯·布拉泽斯说:"爱的最好证明就是信任,彼此信任才是给孩子最好的爱。"一个活在信任中的孩子,才会拥有强烈的安全感,才能提升更高的自信力,才会培养出更强的责任感。记得在孩子升学考试前,在他压力很大的时候,我曾托孩子班主任带给孩子一段话:"儿子,在妈妈心中,我的儿子考得好是幸运;

考得正常，也很幸运；只要尽力了，我们都觉得是幸运。哪怕考得不好，我们也绝不会怪你。因为，在妈妈心中，好不好，都是我的儿子，妈妈爸爸都会无条件接纳你，都会永远爱着你。家，是你永远的避风港，无论儿子考得如何，妈妈永远在家等你吃饭！"为什么这样说？因为，我们要让孩子永远感受到他被父母信任，他永远被他的父母接纳，被他的父母真实地爱着！

二、方法——多陪孩子聊聊天

要孩子信任我们，最简单、最实惠、最有效、最高级的教育方式，就是陪孩子聊天。

陪孩子聊天，我们才能真正了解孩子在想什么，在经历什么，才明白他现在缺什么，需要什么。可是我们千万别把聊天变成说教，只要孩子聊得开心聊得舒心，就是最好的教育，我们顺便再悄悄地加上一点我们的观点，潜移默化润物无声地影响一下，教育效果就出来了。

想想今天，我就和儿子聊了聊孩子外形的问题。我故意说："儿子，妈妈发现你最近长胖了。"儿子立马弹跳起来，摸着脸，惊讶地说："真的吗？"

"真的！"我装作一本正经。儿子按捺不住："不行不行，这可不好看！"

"是啊，而且还要见新的女同学，形象不好那可不好哟！"我故意煽风点火，"你看吧，长胖说明我儿子假期颓废了哟！趁这段时间，好好努力，把精力放在学习上，不仅能减肥，而且还能给新的女同学留个好印象，多好！"瞬间，儿子心悦诚服地接受了"努力学习就能减肥"的观点，这就是聊天的魅力！

三、关键——孩子需要帮助时别缺位

我们不可能随时随地陪伴孩子，可是我们千万不要在孩子需要我们的时候缺位。

当孩子遇到困难的时候，我们坚定地站在他的身边支持他；当孩子迷茫时，我们有心地引导他；当孩子骄傲狂妄的时候，我们别忘记给他洒点"冷静剂"；当孩子自卑时，我们千万别忘记给予他信心；当孩子需要拔高时，我们千万别忘记让他看到更远的风景。而这一切，都蕴藏在日常生活的点滴之中，也许我们当时看不到多大的效果，可是这些都是孩子进阶的节点，日积月累，冰冻三尺，默默地影响着、浸润着孩子。所以，珍惜把握孩子需要我们的每一个节点，作为父母，我们责无旁贷！

教育家蒙台梭利曾说："我们对孩子所做的一切，都会开花结果，不仅影响他的一生，也决定他的一生。"成为孩子信任的父母，是我们一生都在修炼的主题！

40. 如何做陪伴型父母

陪伴是一种成长方式,也是一种教育态度。董卿在《朗读者》中说:"陪伴是一种力量,在这个世界上,失去了陪伴,也就失去了生存的意义。"然而,在养育孩子的过程中,我们往往忽略陪伴,有的虽然全职在家陪伴孩子,效果却不一定好,甚至是无效陪伴,如何让陪伴更加有效呢?

一、发现病根——我们陪伴的问题在哪里?

1. 我们的陪伴是"工作模式",还是"亲子模式"

作为职场父母,我们往往陪伴孩子是用工作模式,而非亲子模式。

工作模式是什么,注重效率,注重结果。工作不仅能增加我们对自我身份的认同,也能增加我们的自我价值感。与此同时,也是充满了焦虑感。用工作模式陪伴孩子,我们总是以任务为重,以目标为核心,以发现问题,寻找解决方案为路径,用快节奏的方式陪伴孩子。比如,当我们紧盯着孩子结果的时候,当孩子做得不够好、不够快的时候,或者孩子的表现达不到我们的预期效果的时候,我们就会产生一种挫败感。同时,催促孩子的时候,整个陪伴过程就显得仓促而紧张。那么，和孩子一起经历的事情就会变得不愉快，好玩的事情就会变得不好玩。

亲子陪伴本身是一个过程，这个过程本是由各种美丽的时光片段组成，它不是一个亟待完成的任务，它的意义在于这些时光片段本身。这也是陪伴的价值和意义所在。

而且，孩子的大脑发育本身是不具备效率思维的。我们的大脑中，促使我们进行高效思维的物质叫作前额叶皮质，它掌管着我们的效率思维。成年人的前额叶皮质是发育完全的，而孩子的大脑发育只完成了一半。这不只是指尺寸发育，主要是指孩子的大脑缺少关键能力和处理问题的能力。比如，成年人出去一趟，目标意识很明确，为了买东西，为了办件事，为了散步……而孩子就是为了与外部接触，追求外部刺激感官，他关注的也许是一个小水坑，也许是一棵小草，甚至是一张糖纸。这些细小的片段，正是智力和创造力提升的关键时候。

亲子陪伴如果能注重这一个过程，就是提升陪伴质量的过程。提高质量的过程用亲子模式才是最为科学的。

亲子模式是什么，是我们能够与孩子共情，充满童心，充满好奇心，调动我们自身积极的情绪，全情投入孩子的世界，并能从"结果优先"转化为"过程优先"，真正地去倾听孩子的心声，和他们同频共振，同喜同乐。既有"陪"，又有"伴"，这才是真正的陪伴。美国丹佛大学自尊研究心理学家苏珊·哈特（Susan Harter）说："父母对孩子无条件地支持和关注，会带来孩子的高自尊和积极的自我关注。"因此，当我们把自己从工作模式转化为亲子模式的时候，孩子能感受到：我是安全的，我是值得被爱的，我被所处的世界喜欢并欢迎。因此，这样的陪伴才会变得更有效果。

2. 我们的陪伴是"假装陪伴"，还是"全情投入"

有的家长说："我对孩子那可是寸步不离啊！"其实，从表面看我们是在陪着孩子，可是，却在做着"隐形失陪"的事。为什么呢？我们物理上是给了孩子时间，表面上和孩子处在同一空间，你的身体是在陪孩子，而实际上却在玩手机、看电脑，想着自己的工作，或者干着别的事情。当孩子过来找我们的时候，我们只是心不在焉地应付，这哪里是和孩子互动，完全是对孩子不感兴趣，没有关注孩子的需求，更别说情感的交流。这样的陪伴，孩子的内心仍然是孤独的，缺乏安全感的。因此，这只是"陪"，而非"伴"。

但是，你是否关注孩子，孩子是有体验和判断的。当你的孩子感受到自己被忽略、被敷衍的时候，他会认为我的表现不能轻易得到父母的情感投入，有的孩子会愤怒，有的会消极甚至对抗。如此，我们作为父母，是失去了了解孩子思想和情感的机会，同时也失去了和孩子创建亲密亲子关系的机会，最后，把自己降格为了一个"保育员"。所以，这也只是"假装陪伴"，而且，低质量的"伪装陪伴"比"缺席陪伴"更无益处，甚至起着反作用。

所以，想要培养一个情绪稳定、阳光积极的孩子，父母就要全情投入陪伴中，用心感受孩子的孤独，用心聆听孩子的苦恼，用心同理孩子的悲伤与快乐……全身心地投入孩子的内心世界。最后，时间仅仅是一个尺度，而更重要的是提升了陪伴的质量，并且这样的陪伴建立了情感的链接，给孩子带来情感和精神上的安全感，帮助孩子驱逐孤独和苦恼，从而为孩子的成长赋能。

3. 我们的陪伴是"紧张控制"，还是"双向愉悦"

有的父母在陪伴孩子的时候，确实做到了"投入"，非常认真地陪孩子，可是，把陪伴变成了管控。在孩子玩耍的时候，非常仔细认真地监管着孩子的一举一动，这儿太高，不能去攀爬，万一摔着了；那个太脏，不能去触摸；孩子写作业，这一笔没有写正确，要擦掉，重新来；那儿不好看，要修改……

有的父母很重视陪伴内容，把陪伴变成了一种掌控："这个游戏与学习无关，我不陪你玩。""你要是考试达到多少分，我就陪你玩。"这样，陪伴变成了一种条件。

有的父母会把陪伴的温馨时光，变成挑剔时光。"你怎么那么慢！""这画的鸡咋画得一点不像！""你看你坐没有坐相，站没有站相。"一场好好的陪伴，让孩子感受到的是紧张、是焦虑、是被否定。家长本人也感受到的是沮丧、是伤心、是失望。甚至很难受地认为：我的孩子怎么离自己的期待那么远。

其实，这不是孩子出了问题，而是我们对孩子的期待出了问题。美国著名家庭治疗师、育儿专家苏珊·施蒂费尔曼说过："虽然孩子达不到我们的期望会令人沮丧，但我们之所以失去冷静，其实不是因为他惹人生气或不听话。我们失去冷静，是因为我们认为他不应该惹人生气或者不听话。"换而言之，我们父母得了"完美父母综合征"。认为自己孩子应该是自己心中理想的样子。培养平常人，要有平常心，把孩子还原成一个真实的孩子，在陪伴孩子的时候，接受并引导孩子的情绪和情感，并与孩子一起分享心灵感受、探索世界。开心的事情也好，不开心的事件也罢，在充满爱和尊重的氛围里，进行深入的交谈，让孩子感受到丰盈的爱和温暖。这样，父母收获到的是幸福和满足，家庭氛围也变得温馨而美好，双向的愉悦也就油然而生。这才是真正的陪伴，这才是陪伴时正确的姿态。

二、对症下药——有效陪伴的出路在哪里

1. 真实地接纳

对于自己的孩子，我们需要学会接纳，而且是真实地接纳。一个孩子来到世界上，从一无所知到认识世界、认识自我，这个过程需要感受到父母对他无条件的接纳和爱，从而，他才能学会自我接纳和自爱。

真正的接纳没有任何条件。我们对孩子所有的期待都只是我们自己的一厢情愿，而孩子本身是独立的个体，他有着自己的特性和禀赋。所以，我们要接纳孩子的什么呢？他需要尊重，更需要我们去理解他的情绪和感受。一旦一个人的情绪和感受被别人理解了，那么，他感觉自己得到了重视，情绪就会很快离去。并且，我们还要接纳孩子的观念，任何改变的前提都是接纳，让孩子明白，父母是无条件在爱他、接纳他，再因势利导，这样孩子才更愿意朝着我们期待的方向发展。另外，我们还要接纳孩子的当下。一个孩子好与不好都是真实的，我们都要接纳。当一个孩子的行为不可理喻的时候，是因为他的观念是错误的。但是，当他的所有的样子，被自己的父母接纳的时候，才有引导他观

念的可能。因为，只有接纳，才能产生最有力量的教育效果。

还要接纳我们自己。接纳我们自己有些事情是做不到，接纳我们自己作为父母是不完美的。如果父母不接纳自己，是无法接纳自己的孩子的。接纳我们自己的不完美，陪伴孩子的过程，就是成长自己、完善自我的过程。并且，我们还要接纳现实，不管遇到什么情况，我们都要选择接纳。因为，只有接纳自己和现实的父母，才能懂得和孩子保持界限，懂得尊重孩子，并且又不失去自我。懂得接纳自我的父母，他的心态是客观的，他会认为我不完美，孩子也不完美，这并不影响我们彼此爱着彼此；我不完美，你不完美，我们可以互相变得更加完美。如此，我们的陪伴就变成了一场入心的双向成长！

2. 积极地倾听

当我们陪伴孩子的时候，还需要积极地倾听。倾听什么？倾听孩子话语背后的感受和需要，哪怕孩子的行为是错误的，观念是错误的，我们都要积极地倾听，这样，孩子才能感受到被尊重，感受到自己充满价值。如此，我们父母才能真正地走入孩子的内心世界，才容易实现有效陪伴。

那么，倾听时，有什么要求呢？我们需要温和的态度、愉快的心情、专注的目光，并且真正地蹲下身体。让孩子们感受到父母的爱护，感受到平等的态度。这样，在陪伴孩子时，我们才能真正做到有效倾听。

同时，在倾听时，如何形成双向互动呢？可以用"五步法"——第一步，控制住自己的情绪。我们需要把自己的感觉和愿望放在一边，当孩子犯错时，我们有意识地把自己的感受和期待压下去。第二步，停下手中做的事情，专注地倾听。当我们专注地看着孩子，其实就是告诉孩子：你很重要，你的话很重要，你对我很重要。第三步，镜子式反馈。把孩子的所思、所想、所感，按照本来的样子反馈回去，不带任何个人情绪和个人意见，实事求是地陈述孩子的感受。第四步，在幻想中满足孩子的愿望。"要是此时来一支马良的神笔就好了。我们宝贝就不用做作业了。"虽然孩子知道这样的幻想是不可能的，但是，能让孩子得到心理上的满足，也让孩子感受到被关心和被理解。第五步，进行引导。这个时候，在倾听的基础上，提出建设性意见，孩子才更容易接受。所以，在陪伴孩子的时候，做到积极倾听，是走进孩子心灵世界的不二法门。

3. 积极地回应

积极倾听后，还需要积极地回应。父母的回应，是孩子的观念形成强化的过程。所以，在陪伴孩子时，父母需要积极地回应，才能让孩子建立正确的观念，最后才能养成正确的行为习惯。

回应可以从精神层面和行为层面两个方面进行。

精神层面，需要"多给予，少限制"。"多给予"就是需要多给孩子心理方面的营养，多陪伴孩子，让他感受到安全感和充盈的爱，从而建立安全感和价值感，实现孩子的健康成长。"少限制"是指在陪伴孩子的时候，尽量不要限制孩子的思维，放飞孩子想象的翅膀，大胆地鼓励孩子积极地去思考，大方地去表达，勇敢地去探索。这样，有助于培养孩子的创造力和想象力，从而更好地发展孩子的大脑思维，还有良好的心态。

行为层面，需要"少给予，多限制"。"少给予"是指在陪伴孩子的时候，尽可能地不要去包办代替，让孩子懂得自我建构，懂得独立。"多限制"是指我们要懂得任何事情都是建立在法律法规的基础上完成，在遵守规则和道德底线的框架下，满足孩子的需要，教会孩子做一个自立自强自律的人。

当我们在回应孩子时，既要注重精神层面，也要注重行为层面，这样的孩子既有创造力，也能在行为上懂得自律。

4. 用心地陪伴

陪伴孩子，要实现有效，还需要用心。怎么才叫用心呢？回家后，调动积极的情绪，穿上睡衣，自动调整为亲子陪伴时光。懂得在陪伴孩子的时候，关注孩子；懂得用零碎时间陪伴孩子。鲁迅说："时间，就是海绵里的水，挤一挤总是有的。""心在哪里，时间就在哪里。"有心、用心一定有时间；当自己不在孩子身边，也要与孩子建立情感联结，比如给孩子留下一个便条，向孩子表达爱意。

所以，在陪伴孩子这件事上，懂得把"工作模式"调整为"亲子模式"；懂得关注孩子的需要，建立亲密的亲子关系；懂得互相接纳，并能够做到双向愉快，这样的陪伴用心用情，才能真正地让孩子在有效陪伴中实现成长！

41. 如何说话，才不会伤孩子

我们和孩子沟通上有问题，或者产生矛盾冲突，直接爆破点一般都是语言上出了问题。那么，如何能够和孩子好好说话，形成正向的沟通和交流呢？

一、要共情——而不是同情

和孩子交流的时候，应该用上"共情"，而非"同情"。共情是站在对方的角度去感受孩子的感受，站在孩子的角度去思考问题，从而找到解决的方法。这样才能让孩子感受到被尊重，感受到被理解。同时，孩子的情绪也能得到释放，还能更好地对孩子进行情绪的指导。

同情，是站在我们大人的角度，以自己的感觉为导向，以自认为正确的方式来减轻孩子的痛苦。这样，孩子可能会实现情绪转移，却不能得到情绪的指导。比如，当孩子被同学误解了，如果父母表达："这孩子太可怜了，还要被同学欺负，这些同学怎么那么不懂事！"这是忽略了孩子的心情和感受，并且，也没有给予孩子情绪的指导。正确的表达应该是："你被同学误会了，你心里感到很难受，很委屈是吧！你希望自己能得到同学们的理解，是吧！"这样，孩子才能感受到被理解，情绪才会得到好的指导和释放。

二、要倾听——而不是选听

与孩子交流，需要用心地聆听。"倾听"的意思是集中精力认真地听。

如何倾听？"眼看""耳听""心思"三者并用。

"眼看"：看孩子的身体是紧张的，还是放松的；是严肃认真的，还是吊儿郎当的；孩子的目光是游离的，还是专注的；孩子的表情是恐慌的，还是平静的。这些都需要认真地看。

"耳听"：听内容，听孩子表述了什么，时间、地点、人物、为什么做、怎么做等；听孩子的语气是平和的还是急促的；听孩子的音量，大声还是小声；听孩子的重音放在哪儿。

"心思"：首先要思考事实是什么；孩子没有说出来的是什么；孩子此时的感受是什么；他的想法是什么；他期待的是什么。这样才能真正做到和孩子交流沟通。

而"选听"，是选择式地听一部分，只听自己感兴趣的部分，没有真正投入地去听，心不在焉地听，敷衍孩子地听，边做事边听，或者站在自己角度主观地听，没有站在孩子的角度去思考。这样，让孩子感受到不被重视、不被关注、不被需要的时候，就容易导致孩子和家长闹情绪。

三、要回应——而不是反应

"回应"是对当下保持一种觉察，慢一点，缓一缓，从感受开始表达，对孩子的语言作出正确的、理性的表达。"反应"是建立在以往经验基础上，形成了惯性思维后，产生的自动化反应。比如当孩子愤怒的时候，孩子对家长说："你整天唠叨我，我不喜欢你。"那么此时"回应"的方式是："我的行为，让你感觉到不舒服，是吗？你可以说说吗？"如果是"反应"，就会立刻马上脱口而出:"你这没有良心的,我天天为你好,你还这样对我!"

当我们在倾听孩子的时候,也需要正确地"回应"孩子。"回应"是基于孩子的感受,让自己慢下来,去用心感受孩子的心情,再给出反馈。孩子在说话的时候,我们可以用表情回应:孩子高兴,我们跟着微笑;孩子伤心,我们也回应难过。还可以用动作回应:孩子说话,我们点头,身体前倾;语言上要有回应,"嗯""哦""啊"等表示在听。

所以,与孩子交流,学会理性"回应",而不是感性"反应"。

四、要对话——而不是训话

"对话"是双向的谈话,是交流互动的,是把孩子放在平等的位置,用商讨的语气,给予孩子和自己平等争论的权利。"对话"是有来有往,有接收也有发送;是互相尊重,互相理解的——既能够让孩子理解我们,也能让我们理解孩子。好的教育都是在父母的每一次交谈和每一次互动中体现出来的。"训话"是上级对下级讲教导或者告诫的话,是不平等的,是单向的。

如果父母经常用"训话"的方式讲大道理,把一件事说得上纲上线,长期重复着同样的内容,老调重弹,表面上看,每句话都听上去很有道理,但是长期这样训话,就容易让孩子形成"习惯性模糊听觉",最后容易引起孩子反感,负面情绪也会逐层升级,最后影响亲子关系。

五、要询问——而不是盘问

"询问"是征求意见,而"盘问"是仔细查问。两者都是出于关心孩子,效果却截然不同。

在平日的生活中,父母经常希望更多地了解孩子的情况,也很期待从孩子的嘴里知道孩子的信息,"今天学校发生什么事情啊?""班里有什么新鲜事啊?""今天上课讲了什么?"

"询问"，是需要技巧和尊重孩子的。我们可以先观察孩子的表情，再进行询问，看到孩子很高兴，可以微笑着问："哇，今天怎么那么高兴啊！说来听听！"有时候，还可以请教式询问，"宝贝，这个电脑出问题了，你可以帮帮妈妈吗？"在巧妙中发问，把尊重孩子始终是放在第一位。

"盘问"，是父母急切地想了解孩子更多的情况，想从孩子那儿得到更多的实话，便接二连三地步步逼问、审问。这样，要么会逼得孩子说谎，要么一言不发。慢慢地，会导致孩子对父母产生惧怕心理，有的由惧怕到慢慢疏远，亲子关系开始变得紧张。

六、要指引——而不要指责

"指引"是指导、引导，而"指责"是指"对过失进行责备"。

当孩子犯错的时候，我们理解孩子的感受，不代表纵容孩子的行为。同时，孩子犯错的时候，更多地需要父母的指引和引导。因此，交流的时候，我们需要为孩子指出具体的改正方法。给孩子方向，让孩子承担应该承担的责任，让孩子明晰自己的行动，温和而坚定的指引比指责更重要。

所以，作为父母，在孩子犯错的时候，千万不要轻易发出无情的指责。因为，这样根本无法帮助孩子冷静地思考自己的过失，反而会加重孩子的逆反心理，有的孩子会认为父母小题大做，有的甚至反抗反叛，和父母对着干！这样不但没有起到沟通效果，还适得其反。因为孩子犯错不可怕，不当处理才可怕！

七、要正面——而不是负面

语言几乎构成我们养育孩子的日常，而大人的语言正是孩子思维方式的典范。这里的"正面"是正面的语言，指积极的、阳光的，对孩子有积极引导的语言，"负面"是指负面的语言，指消极的，对孩子会带来创伤，带来伤害的语言。

在与孩子交流的时候，家长要多使用正面的语言。建议孩子应该怎么做，而不是不应该怎么做。因为正面的语言能够给孩子积极的暗示，引导着孩子向前看，向好的方面看。墨菲定律中说：如果你担心什么事情发生，那么它更可能发生。如果我们长期用负面语言和孩子交流，那么这样的孩子更容易自信心不足，容易敏感、焦虑。

在日常生活中，正面语言和负面语言完全可以进行转化。比如，当孩子字迹潦草时，我们可以找到写得相较工整的，鼓励孩子说："哇，这几个字很漂亮的啊！如果所有的字，都像这几个字一样，认真工整地书写，就更好了！"当我们希望孩子勤快时，如果用负面语言表达，就是："你太懒了！"而转化成正面语言就是："你看，这一次比上一次有进步，你更勤快了。"

八、要坚持——而不是僵持

"坚持"是指"坚决保持、维护、进行"。"僵持"是指"双方相持不下"。

在孩子超出了原则性问题的时候，作为家长，我们语气要温和，而态度要坚决，行动要坚持，该惩罚要惩罚，同时要坚持到底，不能半途而废。只有这样，孩子才能明辨是非，知错就改。

而这个过程，切忌心软，向孩子妥协。一旦妥协，不仅影响父母的威信，同时也纵容了孩子，下一次再要求孩子的时候，就会形成双方僵持不下的局面。所以与其僵持，不如坚持。

九、要暖心——而不要虐心

"暖心"的意思是心灵感到温暖。"虐心"是"用粗暴凶狠的手段摧残心灵"。

在与孩子沟通的时候，亲子之间应该是温暖的、快乐的，而不是互相折磨的、彼此痛苦的。当孩子和父母之间不理解，亲子关系淡薄、隔阂、对立，彼此都是难受的。

好的亲子关系是需要用情感去和孩子交流，让孩子感受到父母的关爱，无论多么顽劣的孩子，多么内向的孩子，在暖心的亲子氛围下，都能形成良性的亲子沟通。所以，父母对孩子的爱，要大胆地说出来，并做出来。用爱的目光注视孩子，用爱的微笑面对孩子，用爱的语言鼓励孩子，用爱的细节感染孩子，用爱的胸怀包容孩子，让爱像阳光一样普照在孩子的生命里。让孩子感受到安全感、归属感、价值感。这样的亲子交流才是暖心的。

十、要做盟军——而不是敌军

"盟军"是协同关系，"敌军"是敌对关系。

最成功的亲子沟通，就是和孩子达成共识，成为"盟友"，而不是和孩子成为"敌人"，甚至水火不相容。其实，每一次和孩子的对峙都是亲子之间巨大的损耗。

好的父母应该和孩子成为盟友，并且无条件地接纳自己的孩子，让孩子感受到：不管我是什么样子的，父母都会不离不弃，会一直关心我、爱护我、支持我、陪伴我。当孩子取得好成绩的时候，一定不要吝啬对孩子具体的欣赏和鼓励；当孩子遇到困难的时候，记得给孩子安慰和鼓励；当孩子犯错的时候，千万不要挖苦、讽刺、责备，而是教会他怎么做。这样，孩子才会全身心地信赖自己的父母。

十一、要创生——而不是创伤

"创生"是"生长"，"创伤"是"遭受伤害"。

好的亲子沟通，让孩子和父母都能互相创生，彼此生长，共同成就。随着孩子的成长和时代的改变，父母要不断地更新自己的教育理念，从而使自己追得上孩子成长的脚步，在帮助孩子成长的同时，我们自己也成长了。这就是在亲子沟通中创造了、实现了彼此生命的拔节。

武志红老师的《为什么家会伤人》中有这样的一个观点：父母不正确的爱对孩子会是一种伤害！甚至会影响孩子的未来，乃至一生。因为，在孩子的成长过程中，亲子关系不融洽，会影响孩子未来的性格养成、人格健全等方面，经历了创伤的父母会把家庭教育方式复制到未来的孩子身上，形成"代际创伤"！

所以，愿我们的父母都能和孩子共同成长，形成创生，而非"创伤"。愿每一对亲子都能同频共振，形成默契的亲子沟通。要知道，良好的亲子关系都是从沟通开始！

42. 当家庭成员观念不同怎么办

教育孩子时，因为大家观念不一样，亲子之间、夫妻之间都可能有冲突，不怕发生冲突，关键是如何解决冲突。

一、问题——教育观念不统一

今天儿子上午拿成绩通知，下午同学来玩，没有按约定完成亲子日记。我没有打扰孩子的兴致，准备催孩子晚上再写。我因为有事需要到北碚办事，晚上9点多了，还没有回家。突然记起儿子的亲子日记还没有写。怎么办呢？我急忙一边乘坐轻轨，一边给儿子打电话："儿子，今天的亲子日记还没有写。"

"妈妈，今天同学来玩，我们就放一天假吧！"电话里传来儿子央求的声音。

如果是以前，我会毫不犹豫地答应，但是，这一次我们既然答应了"亲子日记挑战"，那么我们是不能失言的。

"不行，儿子，我们约定好的事，是要兑现诺言的。"

电话那端沉默了一会儿，最后听到他说："好嘛！"我心里有了一些宽慰。

儿子倒是答应了，可在电话机旁的老公不答应了。他一把抢过电话："你这个时候人在外面，还遥控指挥让儿子写日记。你看你天天给孩子辅导，这次语文考得怎么样嘛！今天，儿子不写了！"

顿时，我心里一阵黯然。孩子这次的成绩我早和孩子老师有过交流，语文没有考好，数学成绩完美。尽管孩子老师一再安慰我："这次是一个意外吧，很多时候他语文成绩都是在班上遥遥领先。"可我知道，没有考好，说明我辅导的方向没有到位，有时候落实不够。

二、思考——观念不统一的后果

老公的话，折射了家庭的一个常见的现象：家庭教育观念不一致。这也是很多家庭会遇到的问题。很多家庭，都会因为孩子的教育观念不同，而发生冲突或者发生家庭矛盾。这样下去，会有什么危害呢？

1. 孩子会钻空子

有的孩子看到父母为自己发生矛盾，趁此机会，会放纵自己，钻空子，或者哪个更有利于自己的放松，就偏向哪一边，长此以往，会纵容孩子的缺点。

2. 孩子形成双重人格

当孩子处于劣势的时候，孩子可能会风吹两边倒。在矛盾的环境中无法分辨是非，最后，为了迎合双方父母，变成了双重人格，双重性格。

3. 孩子会偏爱一方偏恨一方

由于家长一个处于强势，一个处于劣势，那么有的孩子就会倒向一方，偏爱一方，偏恨一方，这样不利于孩子的教育。

4. 不利于孩子的长期发展

如果长期处于父母观念不一致的家庭，孩子的身心健康得不到保证，孩子没有安全感。成长于这样家庭环境中的孩子，容易优柔寡断，或者暴躁无常。

三、处理——坚持该坚持的

孩子爸爸既然说不让孩子写,孩子肯定会高兴地不写。每个孩子都会钻空子,这是情理之中的事情。

这也是一直困扰我们家庭的问题:老公的教育观念是让孩子玩得轻松就好,我的观念是该要求的还是得要求。当观念发生差异的时候,为了家庭的和睦,往往我会妥协。

但是今天,我不想妥协。想起今天一个甘肃的朋友无助地向我请求帮助,她的孩子也是上初二了,但是学习不努力,她现在已经无能为力了。那无奈、懊恼、伤心的心情,隔着千里,我也能感受得到,她告诉我:"每一次孩子一央求她就会妥协。"

其实我们作为家长,问题就出在这里,一旦妥协,孩子就会得寸进尺,得寸进尺就会要求打折,要求打折就会一松再松。可孩子也有自己的思想,我们要做的是如何艺术地不妥协,如何能屈能伸地妥协,如何示弱地坚定。

于是,虽然已经晚上 10 点了,我还是马不停蹄地回家——要求孩子写。

回到家,果然如我所料,儿子一字未写。

老公一直在那儿喋喋不休,我没有作声,可我已经决定,这一次在教育孩子上绝对不妥协。于是我一声不吭地找到书包里的本子,冷静地对儿子说:"走,到书房写日记。"

"已经 10 点多了。"老公还在那儿帮腔。

我仍然没有妥协,坚定地说:"今天必须写。"

儿子自知理亏,乖乖地跟着我到书房里。

"妈妈,我今天不知道写什么。"

"不知道写什么就阅读。"我轻轻说道。

"啊,这么晚了,还看书?"

"嗯。"

"我们老师都没有要求我写日记。"儿子嗫嚅了一阵。

"但是你们老师说了每天看书1小时。"儿子不说话了。

"妈妈,今天你打字,我口头作文,好吗?"这个可以妥协,我看看时间,点点头,算是答应。

我边打字边不断地肯定孩子:"你看,今天你的细节描写就比昨天好了。"儿子受到鼓励更是来劲,一气呵成700字。

四、反思——找到最佳方案

这件事,引起了我的思考,当父母教育观念不一致的时候,怎么办?

1. 不要当着孩子发生冲突

很多时候,我们做父母的,一旦教育观念不一致,就互相责怪,尤其是孩子出现问题的时候。如果父母当着孩子发生冲突,孩子会在其中钻空子或者没有是非观念,所以,教育孩子的时候,我们最好是不要当着孩子的面理论,双方冷静下来。

2. 找到两方教育的共同点

人都是喜欢"求同",我们在教育观念发生冲突的时候,其实双方的出发点都是为了孩子好,找到这一个点,双方再来达成共识。

3. 衡量谁的教育方式更科学

在教育观念发生冲突的时候,看谁的更科学就听谁的,而不是看谁更强势。真心为孩子的发展,我们就应该心平气和地坐下来,理性地思考自己的教育观念是否有不够科学的地方。

4. 该坚持还是要坚持

比如我的儿子小时候学习画画,儿子不能坚持,奶奶、爷爷、爸爸都心疼孩子,说:"不学就不学了吧。"可是我认为,学习任何东西都需要坚持到底才能有所收获,所以不管一家人怎么反对,我不吵,也不闹,一如既往带孩子学习画画。当孩子在画画上取得成就感的时候,自然爱上了画画。现在想想,如果当时放弃，一切就前功尽弃，而现在婆婆、老公不再反对儿子画画，他们也为儿子在画画上取得的成绩感到由衷的高兴。

所以，当一家人在教育孩子观念上发生冲突，既不要赌气，也不要一味妥协，冷静下来，理性思考最有利于孩子发展的办法。

43. 面对"双减",如何做一个有担当的父母

"双减"政策落地,在减轻学生负担的同时,也减轻了家庭的经济负担和家长的精神负担。作为孩子的父母,减负不代表减轻肩上的责任,我们应该如何适应新变化,做有担当的好父母?

"双减"政策出台的目的是通过加强学校教育,提高学校课堂教学质量,优化作业布置,提升课后活动质量,减轻学生的课余负担,达到提升学生的综合素养,构建教育良好生态的目的。"双减",让学科教育重新回归学校主阵地。

作为家长,我们永远是孩子成长的第一责任人,面对"双减",我们应该做什么,怎么做?

一、意识——家长的意识担当

1. "双减",不减责任

孩子的成长,离不开父母的教导,家庭的熏陶。减轻学业负担,不代表减去父母的责任,与之相反,它更考验父母的担当。优秀的父母不在于学历的高低、文化的多少,而在于是否有责任意识。陪伴是责任,养育是责任,以身作

则是责任。履行父母的责任，就是对孩子人生负责。

2. "双减"，不减质量

"双减"，减去了作业的总量，减去了课外培训，学习回归课堂，但同一个班级的孩子各有所长，在普遍性的教育模式中，难免出现行为和成绩上的差异。作为最了解孩子的人，家长要更专注于培养孩子的自控力、专注力和情绪管理能力，与老师携手，共同为孩子成长助力。要知道，孩子的学习是爬坡，需要家长和学校的"双向奔赴"。

3. "双减"，不减成长

孩子的童年只有一次，评价人生的方式绝不仅仅是赢在起跑线，能够跑完马拉松的才是高手。如今没有了课外培训，我们更该利用孩子多出来的时间，做好父母的陪伴，策划合理的安排。家庭是孩子成长的主阵地，家庭教育是孩子成长中最重要的教育。真正优秀的父母，不在于为孩子报了多少班，而在于是否真正参与了孩子的成长。减负减不掉孩子的成长，因为成长是父母与孩子共同完成的一场修行。

二、角色——家长的角色担当

1. 心理营养师——给孩子一份心灵的力量

孩子生理上的成长，离不开食物、水、阳光和空气，而孩子心理上的成长，同样需要充足的养分。心理成长包括认知、情感、人格方面逐步地完善，它需要耐心地陪伴和培育。

当孩子遇到烦恼的时候，我们是否能让他敞开心扉，放心倾诉？当孩子遇到挫折的时候，我们是否能及时发现，给予他精神的力量？当孩子遇到问题的时候，我们是否能及时安慰、鼓励？当孩子犯错的时候，我们是否能解读他的心理密码，关怀他内心的温度？要知道，让孩子成为身心健康的人，是比成绩更重要的事。

2. 学习引领师——给孩子做好学习榜样

在孩子学习的过程，父母不是监督师，不是纠错师，而是引领师。我们要做的，就是让自己成为孩子眼中的榜样。

让孩子真正行动的方式永远是言传身教，当父母发自内心地爱上学习，不断成长，孩子自然能从中汲取充足的能量。做个成长型家长，让自己的不断学习、不断成长、不断拔节的榜样行动，影响孩子，改变孩子，成就孩子吧！

3. 人生指导师——给孩子指引人生方向

家长是孩子人生中最重要的导师。一个人的成长，如果没有导师的指引，就无法认清生命的方向，更谈不上切实思考和行动。

当孩子没有目标的时候，家长要做好方向引导，帮助孩子立志，将个人的学习成长与国家命运紧紧相连，帮助孩子找到成长的内在动力。

4. 习惯监督师——给孩子成长保驾护航

"双减"政策落地，与其把目光聚焦在孩子的成绩是否下降，不如退一步重新培养孩子的学习习惯，才能真正为孩子的成长保驾护航。在持之以恒的磨合中形成真正有价值又适合孩子的习惯，这一切都需要家长的耐心，坚持监督，及时巩固。

5. 兴趣合伙人——给孩子特长培训增值

孩子的兴趣和需求应该由孩子自己决定，而不以父母的认知决定，父母是孩子兴趣的合伙人，而不是决定者。因此，我们更要注重培养孩子自我发掘的能力，并利用课余的时间培养孩子的兴趣，把兴趣发展成人生梦想，当好孩子的梦想合伙人。

三、行动——家长的行动担当

"双减"时代来临，家长的角色回归，孩子自我安排的时间更加宽裕，我们该用什么样的方法进行行动过渡？

1. 调整心态法。 任何事物都是双刃剑，在涉及"双减"的诸多信息中，我们不必过于兴奋，更不必焦虑孩子的学习，更不能把负面情绪传导到孩子身上，作为家长，我们首先要调整心态，改变思维，迎接挑战。

2. 有效陪伴。孩子居家时间更加宽裕，我们该如何帮助孩子完成自控，做好管理？家长要安排调整好工作和其他时间安排，通过有效陪伴，真正提高孩子居家时间的质量。

3. 3+2 沟通法。沟通的时候，三个愿意和两个注意。三个愿意：愿意用心倾听，愿意换位思考，愿意改变自己。两个注意：注意沟通语气、方式、情绪，注意不搞一言堂。当我们真正把孩子的需要放心中，就会拉近彼此距离。

4. 亲子共读。一个热爱阅读的孩子，一生都能拥有精神力量的滋养。我们可以和孩子共读一本书，用父母的力量影响孩子，养成阅读的习惯。

5. 偶像照亮。给孩子树立精神偶像，家长与孩子分享名人传记，讲述名人故事，当孩子被正确的精神偶像所吸引，就会自主学习和模仿，唤起为理想而学习的热情，做好孩子人生的指引。

6. 学习"五问"。在日常中，不妨有意识地问孩子五个问题：你听清楚了吗？你理解了吗？你有没有自己的体会？这个问题如何学以致用？你进行反思总结了吗？以循序渐进的方式引导孩子深度思考，定能帮助孩子形成理性的思维模式。

7. "小老师"上课法。很多家长担心孩子没人辅导，无法解决疑难，殊不知最好的办法就是让孩子学会当"小老师"。到家后，让孩子给父母当老师，把当天的课程讲解给父母听，遇到自己讲不明白，家长听不懂的问题，可以要求孩子自己查阅资料，增进知识储备。

8. 多元评估法。作为父母要学会换个角度看分数，不能仅仅以学习成绩来衡量孩子未来的潜能，要用多元评估维度来衡量孩子，和孩子一起分析优势和劣势，找准目标，提前制定大方向。

9. 户外活动法。经常带孩子到户外走一走，与大自然亲密接触，使之心胸开阔，心情愉悦，从而培养孩子的情绪调控能力，使孩子的身心变得更加健康。

10. 家务分工法。把家务进行分工，让孩子作为家庭的一员参与家庭事务，不仅能锻炼他的劳动能力，也能让他学会履行家庭义务，增强家庭责任感。

11. 坚持复盘法。每天学习后，坚持问一问孩子：今天收获了什么，遗憾是什么，该如何改进。培养孩子吾日三省吾身的习惯，不断自我教育。周末可以对学习进行阶段性复盘，复习上周学过的内容，预习下周开启的内容，用复盘来促进孩子的学习和生活。

12. 联络沟通法。学习的主阵地是学校，家长要增强与老师的联系，随时了解孩子的学习状况，及时作出调整，通过各种方式了解孩子的思想动态，提供及时帮助。

"双减"政策是国之大计，家之大业，更是家长素质和孩子能力的双重比拼。让我们做一个有担当的家长，和学校共同努力，为孩子们成就更美的明天。